LA PERSONNE HUMAINE DANS L'ŒUVRE DE CARL GUSTAV JUNG

Tome 2

ÂME ET SPIRITUALITÉ

Didier LAFARGUE

Juillet 2018

Table des matières

CH. 1   NATURE SPIRITUELLE DE L'ÊTRE HUMAIN — 5

L'HOMME, UN ANIMAL RELIGIEUX — **5**
SENS DU SACRÉ CHEZ L'INDIVIDU — 5
ÂME ET SPIRITUALITÉ — 12
FONCTION MÉDIATRICE DE L'ÂME — 19
SCEPTICISME ET REMISE EN CAUSE — 34
INCONSCIENT COLLECTIF ET NATURE HUMAINE — **39**
SENS DES MYTHES — 40
MYTHES ET RITES — 45
EXPRESSION DE L'INCONSCIENT COLLECTIF — 50
LIENS AVEC L'UNIVERS — 65
DEVENIR DE LA PERSONNALITÉ ET INDIVIDUATION — **75**
INDIVIDUATION ET INDIVIDUALISME — 75
HÉROS ET PERSONNALITÉ. — 80
LE MYSTÈRE DE L'INDIVIDUATION. — 90

CH. 2   SPIRITUALITÉ ET MONDE MODERNE. — 101

LE MYSTÈRE CHRÉTIEN — **103**
LE CULTE DU DIEU UNIQUE — 105
CHRIST ET INTÉRIORITÉ — 121
SIGNIFICATION DE LA TRINITÉ. — 133
ORIENTATION DU CHRISTIANISME — **142**
DÉIFICATION DE LA PERSONNALITÉ DIVINE. — 143
VALEUR ABSOLUE ATTRIBUÉE AU BIEN. — 145
MÉFIANCE ENVERS L'INCONSCIENT — 151
DIONYSOS ET VIE DE L'ÂME. — 159
PRINCIPE DE LA QUATERNITÉ. — 162
ALCHIMIE ET RENAISSANCE DE L'ÂME. — 165

CH. 3 LE MYSTÈRE DE L'ORIENT — 173

- LE MIRAGE ORIENTAL — 173
- BOUDDHISME ET CHRISTIANISME. — 179
- L'HARMONIE UNIVERSELLE — 189
- **CONCLUSION** — 197
- BIBLIOGRAPHIE — 202

CH. 1 NATURE SPIRITUELLE DE L'ÊTRE HUMAIN

L'homme, un animal religieux

Sens du sacré chez l'individu

De sa vie spirituelle l'homme tire les plus nobles pensées, source de sa grandeur. Dans son acceptation la plus large, elle désigne tout ce qui relève de l'esprit et apparaît comme le fondement de la vie de l'âme. Base du gouvernement de soi, elle inclut aussi bien l'intelligence que la vie du cœur et le sens moral. En découlent l'inspiration des poètes et le génie des artistes.

La vie de l'esprit s'impose sur le corps et donne à l'homme la maîtrise de sa personne. Nul ne naît accompli et chacun doit engager son combat pour se réaliser et s'affirmer. A tout homme il appartient de s'achever, autrement dit justifier son existence en tendant vers ce qui est pour lui la plus haute expression de la vérité. Dans son désir de s'élever au-dessus de la matière, chaque individu veut aller vers la perfection. C'est ce qu'a tenté de montrer Michel-Ange en réalisant ses célèbres esclaves. Tel qu'on les voit au Louvre aujourd'hui, on ne peut être que frappé par la volonté de ces êtres tentant de se révolter contre la souffrance éprouvée. Tout leur corps vibre d'une potentialité d'action visant à les élever vers un état où ils seront définitivement libérés, image de l'homme s'efforçant de sortir de la gangue étroite dans laquelle il se trouve enfermé afin de s'améliorer. Cette flamme qui anime l'être humain l'affirme dans sa dignité et le singularise face à l'animal. Le souci d'aller au-delà d'une vie purement instinctuelle l'incite à toujours se dépasser pour ne pas renoncer à lui-même. Tout est dès lors chez lui accouchement. La pensée et l'intuition, en lui faisant percevoir le bien supérieur, enrichissent sa conscience et l'ouvrent à la vie divine.

Tel est le message que nous délivre le grand sphinx d'Égypte. Dressé depuis cinq mille ans devant la nécropole de Gizeh, son mystère et son charme indéfinissable lui viennent de cette question éternelle qu'il adresse à l'homme. La tête humaine dominant le corps animal, pose en principe la puissance de l'esprit sur la matière. Les traits de son visage expriment une certitude, celle d'une vérité absolue dont la plénitude ne peut que combler toutes les aspirations. Face au désert, image de l'éternité, il pense et médite pour les hommes. Le regard qu'il jette sur l'immensité est en même temps un regard sur lui-même, sur le sens donné à la destinée de l'homme et à la mission qui lui est dévolue.

De la vocation spirituelle de l'être humain découle sa vie religieuse.

Celle-ci répondait chez Jung à un besoin profond ayant des incidences sur toute sa personne. Ainsi a-t-il tenté de l'exprimer par ses investigations sur l'idée de croyance, ce que celle-ci a représenté pour ses semblables et le sens profond qu'elle a pu revêtir jusqu'à nos jours. Confronté au monde moderne dans sa vie quotidienne, Jung déplorait « l'élargissement qui s'est produit ces tout derniers temps dans la faille qui existe entre croire et savoir »[1] deux attitudes typiquement humaines pourtant indissolubles. Prolongeant la relation existant entre la foi et la science, croyance et savoir sont en effet deux notions intimement liées mais que le rationalisme du temps présent a délibérément séparées au risque de provoquer une scission de l'âme humaine. « La rupture entre la croyance et le savoir est un symptôme de la dissociation de la conscience qui caractérise l'état mental perturbé de notre époque »[2] disait le savant.

Autrefois tenu pour indissociable de la religion, du sacré et de la pensée théologique, le savoir en est venu à acquérir un caractère profane. Il désigne à présent l'ensemble des connaissances acquises par l'homme. A ce titre, il embrasse toutes ses activités, ne concerne que la partie consciente de sa personne, soit son aspect le plus domestiqué. A force de se diversifier, de s'enrichir et d'accroître son champ d'investigation, il a fini par introduire la multiplicité et la dispersion en l'homme, à créer chez lui un désarroi source d'une interrogation profonde sur le sens donné à son existence. A des motivations bien différentes obéit la croyance. Si le savoir s'applique à tout ce qui lui demeure extérieur, placé dans son espace de vision et de perception, la croyance vise bien plutôt à ce qui relève directement de sa personne. Croire correspond à une tendance enracinée en nous-mêmes et nous influençant indépendamment de notre raison. Notre volonté est alors touchée par une force qui la dépasse et qu'il lui faut suivre. C'est une tendance naturelle, forte et innée de notre esprit qui s'adresse à l'être humain tout entier et sollicite en son âme des couches bien plus profondes que son seul appétit de connaissances. La croyance implique de la part de l'homme l'engagement de tout son être, crée chez lui un choc mettant en mouvement sa conscience et l'ouvrant à un nouvel horizon. Croire sollicite l'homme en son entier en vue d'un dépassement, met en état d'alerte sa sensibilité, son imagination, sa mémoire, son entendement, le place au delà du spectacle que lui offre ses sens. Les vérités les plus importantes lui deviennent accessibles. Celui qui croit se sent sécurisé et la parfaite sérénité à laquelle il atteint influe sur sa manière d'exister et son genre de vie.

S'il n'entretient aucune relation avec l'âme, le savoir demeure une simple acquisition humaine liée au désir de possession et allant de pair avec l'orgueil. Croire va bien au delà et implique une certaine façon d'être. Une opposition entre les deux tendances ne peut qu'être stérile et, par l'unité qu'elle favorise au sein de la personne, la croyance doit nécessairement s'harmoniser avec le savoir. Au lieu d'opter pour une séparation rigide, source de conflits personnels, il nous faut accorder ces deux aspects de notre nature afin que l'on parvienne à un meilleur empire sur soi-même et une meilleure définition de notre individualité. Savoir et croyance doivent collaborer et s'harmoniser en vue de produire la Connaissance, celle-là seule qui procure à l'homme une existence faite de sagesse et de vérité.

Ainsi la vie religieuse s'affirme-t-elle comme partie intégrante de la nature humaine. En témoigne son imbrication dans toutes les activités de l'homme.

Il fut en effet un temps où la religion était profondément impliquée dans les différents aspects de la vie quotidienne. Chez les peuples primitifs, elle se manifestait dans les moindres détails de l'existence, la nourriture, l'habillement ou la disposition des habitations. Indissociable de tous les aspects de la vie humaine, son influence s'exerçait sur des actions, des institutions ou des conduites et, du reste, aucun mot ne l'exprimait dans les différents langages. Étroitement liée à tous les domaines de la vie sociale, son implication dans la politique était grande et la vie institutionnelle n'était pas concevable sans un acte se référant au divin puisque toute décision importante devait recevoir la garantie des dieux.

Si la religion apparaissait comme le ciment de la société, elle n'en avait pas moins pour origine l'impulsion personnelle que chaque être subissait indépendamment de ses semblables.

Toutes les religions s'adressent à des groupes humains qui participent de la même croyance, se sentent unies en une même communauté. Mais à la base de ces traditions collectives existe le sentiment fort et profond éprouvé par l'individu en son particulier. Il l'exprime par la manière personnelle qu'il a de vivre sa religion en conformité avec son âme, une démarche individuelle par laquelle il rend vivante en lui une force latente, celle qui vise au sacré.

Dans celui-ci trouve sa source le sentiment religieux. Issu du latin *sacer*, le sacré a pour origine une impression profonde éprouvée par l'homme lorsque il connaît une situation insolite, sentiment où il est brutalement mis en face d'un phénomène qui le dépasse de très loin. A partir de là, le mot désigne tout ce qui appartient au monde du divin en opposition à ce qui est propre à la vie courante des hommes. Par opposition au profane, il s'applique à ce qui ne peut être touché sans être souillé. Correspondant à un ensemble de comportements individuels et collectifs fixé par la tradition, il représente la forme première et authentique de toute vraie spiritualité, l'essence de l'homme religieux universel.

Aux racines les plus profondes de la vie spirituelle, le sacré est bien l'aspect le plus sensible de l'expérience religieuse puisqu'il concerne les relations de l'être humain avec un plan de réalité invisible qui est le divin. Il existe certes des formes de religion qui ont voulu relativiser la manifestation du sacré, ainsi au sein du christianisme le culte protestant qui a proposé une spiritualité froide, intellectualisée et peu sensible à ce côté irrationnel. Pour cette raison, Jung s'est voulu distant envers sa religion d'origine, se devant de considérer avec objectivité toutes les traditions auxquelles il était confronté. Hors de notre civilisation, l'Islam n'a pas non plus reconnu un rôle important à une telle expression du surnaturel. Les mosquées arabes, contrairement aux églises chrétiennes ou aux temples hindous, ne présentent aucun endroit propre à être un intermédiaire entre le fidèle et la divinité.

Pourtant, si l'on veut remonter à la source première du sentiment religieux, il nous faut admettre que c'est bien cette force puissante et brutale dont l'homme subit l'emprise qui en est l'origine. A une telle présence, les Latins donnaient le nom de *numen*. Par ce mot ils entendaient la puissance de la divinité et tout ce par quoi elle se manifeste, un pouvoir que l'homme se doit de considérer avec respect car tous ses actes en sont tributaires. En fait, c'est sa destinée entière qui en relève. Son existence ne peut se définir et trouver son sens que dans la reconnaissance de ce principe supérieur et dans la relation qu'il lui faut entretenir avec lui. Son devenir demeure conditionné par cette force, les actions humaines n'acquièrent de réelle valeur que dans leur confrontation avec elle. « La religion est le fait de prendre en considération, avec conscience et attention, [...] le *numinosum*, c'est à dire une existence ou un effet dynamique, qui ne trouve pas sa cause dans un acte arbitraire de la volonté. [...] Le *numinosum* – quelle qu'en soit la cause - est un conditionnement du sujet qui est indépendant de sa volonté [...] l'influence d'une présence invisible qui détermine une modification caractéristique de la conscience.[...] Un grand nombre d'actes rituels sont accomplis à seule fin de produire à volonté l'action du *numinosum*»[3]. Durant d'innombrables générations, mythes, rites et traditions se sont chargés de rappeler à l'homme sa sujétion envers cette volonté irrationnelle dans une grande variété d'expressions. Sentiments, émotions, peurs et aspirations s'expriment avec le plus de force dans le rapport avec le *numen*. En éprouvant celui-ci, l'homme réalise sa dépendance envers l'univers, n'est plus isolé, soit limité à la seule conscience de son ego, ne connaît plus orgueil et démesure. En relation avec l'invisible, il se sent dynamisé par toutes les forces cosmiques et obtient sa pleine maturité.

Ce n'est qu'en tentant de comprendre les raisons expliquant la naissance de ce sentiment que l'on prendra pleinement conscience de la vulnérabilité de la condition humaine.

A l'origine, le sacré était effectivement motivé chez l'homme par l'anxiété éprouvée dans le monde immense qui l'environnait et par le désir qu'il avait de surmonter sa solitude au sein de celui-ci. Se voyant isolé, faible et impuissant, il sentait tragiquement ses limites et tentait d'y remédier en s'ancrant solidement aux réalités invisibles. Lors d'expériences personnelles, d'états affectifs intenses, exaltation ou peur, il prenait subitement conscience de sa dépendance envers un Tout qui le dépassait. Confronté à des faits insolites et singuliers, à des manifestations naturelles exceptionnelles, il était saisi par le *numen* toutes les fois qu'il se trouvait hors du cadre de sa vie quotidienne.

L'homme a le désir de communier avec l'incommensurable, avec ce qui est par nature sans fin et éternel, autrement dit avec ce qui compense le sentiment qu'il a de la fragilité de l'existence. Ainsi l'entendait Jung qui voyait dans cette tendance la source de toute vie spirituelle. « Je ne parviens au sentiment de l'illimité que si je suis limité à l'extrême » et « c'est uniquement si je sais que l'illimité est l'essentiel que je n'attache pas mon intérêt à des futilités et à des choses qui n'ont pas une importance décisive »[4]. La spiritualité tire son origine de la conscience qu'a l'homme de sa petitesse et de son insignifiance sur cette terre. S'il se sait humble, alors viendront du fond de son être idées, aspirations, des messages qui renforceront sa volonté de vivre et qui, en même temps, lui permettront de garder les yeux ouverts sur lui-même et de mieux se comprendre.

S'il parvient à s'abaisser comme il convient l'homme aura acquis une meilleure connaissance de son âme car pour pouvoir pleinement assumer celle-ci il faut savoir que l'on est limité. Celui qui accorde à sa personne une importance excessive est un insensé privé d'âme. Or, il demeure essentiel que notre vie durant l'on puisse toujours tourner nos yeux sur elle. La conscience que nous avons d'avoir une âme ne peut être séparée de notre désir d'intériorisation et l'être en proie à son orgueil et à sa volonté de réussite personnelle est celui qui a perdu son âme.

Âme et spiritualité

L'âme, maintes fois nous avons évoqué ce concept et chaque fois tenté d'en cerner le sens selon les circonstances et les différentes acceptations que l'on pouvait lui donner. Il nous faut à présent définir son rôle essentiel dans l'aventure spirituelle de l'être humain.

L'irruption du monde moderne et des mentalités nouvelles qu'il a générées a été source chez certains d'un profond scepticisme quant à l'existence de l'âme. « Pas d'âme au bout d'un scalpel » a-t-il été dit au siècle des Lumières, allusion au charisme et au prestige acquis par la science, laquelle se passe pour bon nombre d'esprits de toute considération d'ordre spirituel.

Un tel mépris ne tient pourtant pas compte de la conviction profondément enracinée en l'homme qu'existe en lui une forme de substance immatérielle dont relève toute sa personne. Dès qu'il a pu prendre suffisamment conscience de lui-même et élaborer les premiers ferments de sa spiritualité, dès qu'il a senti sur lui l'action de la divinité, l'homme a pensé qu'il avait une âme. Toutes les civilisations et tous les peuples ont perçu ce principe et nombreuses sont les croyances à son sujet. L'âme est ressentie comme un double intérieur par lequel l'homme tente de comprendre toute la complexité de sa vie psychologique, un principe de vie doué de pensée et de volonté et demeuré toujours invisible. Il est intéressant de s'interroger sur sa nature, son origine et sa destinée afin que l'individu puisse mieux s'appréhender.

Chaque culture a élaboré une conception originale de l'âme. Dans notre propre langage, l'étymologie du terme nous renseigne sur ce qu'elle représente pour les hommes. Âme vient de animus, « souffle », soit le principe de vie qui anime le corps, ce qui montre que l'âme est caractérisée par la vie. Le souffle de Dieu est le symbole de Sa puissance créatrice, celle qui Lui a permis, en créant l'homme, de lui insuffler la vie et ainsi de le pourvoir d'une âme. Ce souffle de vie donné par Dieu ne meurt pas et remonte vers Lui quand le corps est détruit. Principal symbole de l'âme, il correspond à l'idée que pour les hommes celle-ci est un principe invisible mais vivant, facteur de dynamisme et essence de la vie humaine. Cette qualité primordiale accordée à l'âme se trouve renforcée par le symbole du feu qui lui a souvent été attribué. Chez certaines tribus d'Amérique du Nord, l'âme est une flamme qui sort de la bouche, le feu intérieur, la connaissance qui nous transcende et nous illumine. Pour les Romains, le feu compose notre âme, provient du feu pur de l'éther, une manière d'établir sa parenté avec le Ciel.

Ainsi apparaît le rôle déterminant que les hommes ont donné à l'âme dans la genèse de la vie humaine et dans l'énergie qu'elle engendre au sein de l'individu. S'accordant tous sur sa nature hautement dynamique, certains peuples ont imaginé plusieurs âmes cohabitant dans un même corps. Cela tend à montrer la complexité de la notion et ses différents niveaux d'interprétation quant à son rapport avec la conscience. Si l'on considère que l'âme représente une certaine image de la personne humaine, cette démultiplication montre que celle-ci se sent sollicité en plusieurs directions, qu'elle peut se présenter sous des aspects nombreux et différents. La division de l'âme en plusieurs entités est un bon témoin de la diversité et de la richesse propres à l'individu. Celui-ci apparaît alors comme un paradoxe dont les manifestations sont variées, signe de la complexité de notre nature et de l'impossibilité à la cerner dans sa totalité. Les Indiens d'Amérique du Sud croyaient que, parmi les différentes âmes de l'individu, une seule, après la mort, s'en va au ciel, les autres restent avec le corps ou se réincarnent dans des animaux. En Chine, on pensait que l'âme était double, soit composée de deux principes. L'un représentait l'âme alourdie par les désirs auxquels avait été en proie le défunt de son vivant, et qui comme tel restait près de sa tombe ou hantait les lieux qui lui avaient été familiers ; l'autre était son génie intime, la part de divinité présente en chaque homme.

Les différentes conceptions relatives à l'âme humaine reconnaissent donc la pluralité de niveaux par lesquels on peut l'appréhender. D'une part, l'âme est liée à la terre, à la vie terrestre de l'être humain et à tout ce qui le rattache à son existence dans le monde d'ici-bas de façon tangible et concrète, ce par l'intermédiaire de ses désirs, de ses passions, de toutes ses aspirations plus ou moins secrètes et par lesquelles son corps est sollicité. L'âme se réincarnant dans un corps animal est une manière de rappeler à l'homme qu'il est lui-même un animal, qu'il a par conséquent une âme instinctive et qu'il lui faut assumer ces couches profondes qui l'animent. Il est partie intégrante de la nature, dispose lui aussi d'un corps dont il ressent la vulnérabilité et le mettant sur le même plan que les autres membres de la Création. C'est l'idée d'enracinement qui prévaut dans cette conception, celle d'un être doué d'une vie des sens. Par-là, il lui est suggéré de ne pas s'éloigner des choses naturelles et simples de l'existence. Quelle que puisse être les hauteurs auxquelles il peut parvenir par son intelligence, il demeure toujours une créature vulnérable tributaire des lois de la nature.

Malgré tout, l'âme a aussi une dignité spirituelle l'orientant vers le ciel, tous les mystères de l'au-delà propres à créer chez elle un désir de purification et de régénérescence, voire d'une certaine ascèse.

C'est de façon très poétique que les hommes ont symbolisé ce caractère spirituel de l'âme par un oiseau. En Égypte, un oiseau à tête humaine représente l'âme du défunt visitant la terre. Le vol des oiseaux les prédispose à servir d'intermédiaires entre le ciel et la terre car ils suggèrent la légèreté et la libération de la pesanteur terrestre. Image du monde céleste, il est bien naturel qu'ils aient figuré l'envol de l'âme s'échappant du corps. Ils personnifient l'âme affranchie des contingences terrestres et manifestent la volonté de l'homme de s'en libérer, de désirer ardemment la lumière de la conscience.

L'homme entre la terre et le ciel, c'est l'idée profonde exprimée par l'âme humaine. De telles images de l'âme sont bien faites pour donner une vision aussi juste que possible de la dignité humaine. Il semble que l'on ne puisse mieux la définir en disant qu'elle relève des deux dimensions formant notre perception du monde et dont l'âme résume à elle seule la représentation, soit la terre et le ciel. Le haut et le bas, l'infini et le limité, tels sont les deux concepts proposés à la réflexion humaine. En contact avec le monde créé et sous l'influence de la volonté divine, l'homme agit, se transforme et avance sur le chemin le menant à l'absolu. Restant toujours conscient de sa situation entre la terre et le ciel, il demeure en contact avec son âme et assure les meilleures conditions de son développement.

Par l'importance qu'il accordait à la dignité humaine, par sa volonté de l'élever vers la perfection et la suprême connaissance, le christianisme a tenté de dépasser toutes les représentations antérieures en les unifiant dans une conception aussi élaborée que possible de l'âme. Dans son désir d'approfondissement et d'unité de la personne, la pensée chrétienne a considéré que l'homme n'avait qu'une seule âme, mais comprenant plusieurs niveaux, et comme telle susceptible de progrès et d'amélioration. Aussi trouve-t-on au sein du dogme chrétien toute une théologie proposant les différentes perceptions de l'âme humaine et les modes de réflexion par lesquels il est possible de l'appréhender. Une certaine tradition distingue en son sein trois niveaux: une âme végétative qui assure toutes les fonctions élémentaires et naturelles, une âme chargée d'organiser la vie des sens et enfin une âme raisonnable, réceptacle de la connaissance et de l'amour. Par cette dernière, l'homme se distingue des autres animaux et se dit à l'image du Tout puissant. La perfection humaine consiste à atteindre cette partie la plus haute de l'âme, celle qui doit recevoir la grâce et être le siège de la vie divine. Ces différentes strates prennent acte par conséquent de la distinction entre le principe vital et le principe spirituel.

Si ces niveaux rendent compte de la richesse du symbole, ils témoignent aussi du désir du christianisme d'en limiter la portée à la seule vie consciente et raisonnable. Notre savant tenait ce choix pour malheureux car il tendait à détourner l'homme de son inconscient et avait pour conséquence l'assujettissement de l'âme au monde extérieur, au monde des apparences, lequel ne pouvait être dominé que si l'on s'intériorisait et si l'on assumait toute sa nature. Or, les idées très diverses que de nombreux peuples ont exprimées sur l'âme montrent bien la dimension très large qu'ils entendaient lui accorder. Aussi, jugeant leurs croyances plus proches de la vérité psychologique, Jung a voulu en donner une image plus conforme aux réalités humaines. Les parts différentes de leur personne que les primitifs plaçaient sous la multiplicité de leurs âmes, amènent le psychologue à remettre en question la tendance à imaginer notre double comme étant l'unique image de l'homme conscient et éclairé, soit de l'homme tel qu'il devrait être et tel que le christianisme a tenté de le définir.

De fait, sa conception de l'âme humaine va-t-elle s'écarter de celle de l'Église officielle pour se rapprocher de celle exprimée par les mystiques. L'un d'eux a particulièrement influencé notre psychologue, Maître Eckart, spiritualiste rhénan du XIIIe siècle. A la base de la pensée d'Eckart on trouve l'idée que la créature humaine n'est qu'un «pur néant», «un néant capable de Dieu». Pour atteindre le Tout puissant, il faut entrer dans ce néant, c'est-à-dire s'intérioriser, pénétrer plus avant en soi-même. A cette fin, l'homme doit viser au détachement le plus absolu, se dépouiller de tout ce qui existe dans le monde créé, les choses matérielles comme les vaines constructions de l'intelligence. « Heureux les pauvres en esprit car le royaume des cieux leur appartient »[5] disait Saint Matthieu. Précisément, c'est à la « pauvreté » que nous convie Eckart, celle qui consiste à se détourner des richesses de ce monde, mais aussi à tenter d'aller au-delà de la raison et du savoir pour trouver Dieu à l'intérieur de soi. Chacun doit viser à la simplicité et éviter l'orgueil de la connaissance intellectuelle. Sur ce point, Maître Eckart remettait en cause l'intellectualisme qui avaient cours à son époque et qui, selon lui, rendait l'homme tributaire du monde des apparences. Jung s'accorde avec lui quand il considère que l'âme ne doit pas être esclave de toutes les représentations du monde sensible. La seule manière qu'elle a d'y échapper est de renouer avec le domaine des esprits. Telle est la conception de Dieu du maître rhénan : « Le Dieu d'Eckart représente une valeur psychologique. On s'en rend compte à la phrase suivante: «Celui qui va chercher son Dieu à l'extérieur est troublé par les objets». Celui qui a son Dieu à l'extérieur l'a nécessairement projeté en l'objet, qui acquiert ainsi une influence exagérée sur le sujet et le maintient en une certaine dépendance servile»[6]. Ainsi, l'homme ne doit-il pas limiter Dieu à l'univers qui l'entoure et rendre son âme prisonnière de principes au caractère rigide. Si au contraire il a su prendre ses distances envers les contingences de ce monde, celles générées par les désirs et passions exerçant leur empire sur sa personne, alors il aura retrouvé une unité qu'avaient compromise ses multiples aspirations.

Ainsi, au-delà de la vision partielle d'une certaine tendance chrétienne, Jung considère que l'âme désigne «un certain rapport avec l'inconscient». Selon lui, elle relève de l'intériorité de l'être humain, concerne tout ce qui n'apparaît pas dans sa vie sociale et quotidienne. Elle offre un contrepoids à toutes ses contraintes au sein de la société. Partant, la confrontation avec son âme à l'homme la possibilité de s'ouvrir au monde immense de son inconscient. «Elle est d'abord un contenu appartenant au sujet, mais aussi au monde des esprits, l'inconscient. C'est pourquoi l'âme a toujours en elle quelque chose de terrestre et de surnaturel »[7]. L'âme est un concept relevant de la totalité de la personne humaine, soit de sa partie consciente mais aussi de sa partie inconsciente. En fait, elle est un lien entre les deux domaines et, dans l'esprit de notre psychologue, exerce une fonction de médiation. «L'âme ne perd jamais sa place intermédiaire. Il faut donc l'aborder comme une fonction placée entre le sujet conscient et les profondeurs de l'inconscient inaccessibles au sujet [...] elle transfère à la conscience les forces de l'inconscient. Elle est aussi vase, médiatrice, organe de perception des contenus inconscients»[8].

Notre psychologue considère ainsi que sa fonction est d'amener à notre conscience toutes les richesses qu'elle a jusqu'à présent méconnues, partant d'être un passage susceptible d'amener l'homme vers une connaissance plus approfondie de lui-même.

Fonction médiatrice de l'âme

Image de l'autre

Ouverte sur ce monde mystérieux qui s'impose à l'homme par l'intermédiaire du sacré, l'âme est un pont, un lieu de passage entre deux univers de nature différente. Or, de même que le franchissement d'un pont dans un endroit difficile occasionne généralement angoisse et appréhension, se pencher sur notre nature spirituelle est toujours pour la conscience source de troubles et d'interrogations. Dans notre recherche de la pureté, c'est en notre âme que l'on prend contact avec les réalités divines et que l'on passe de l'éphémère à l'immortalité. Médiatrice entre la terre et le Ciel, elle assure le développement de notre vie spirituelle et nous relie à la puissance divine.

Ce souci de prendre son âme en considération nécessite de la part de chacun engagement personnel et action en profondeur sur soi, toutes choses exigeant force de caractère, volonté pouvant aller jusqu'au renoncement et au sacrifice, injonction de se livrer à des choix et de s'y conformer pour contribuer au mieux à son enrichissement.

Mais si l'homme se doit de faire cet effort d'intériorisation, c'est d'abord dans son environnement immédiat qu'il trouvera les moyens de son évolution personnelle, en tout premier lieu dans les relations avec ses semblables. Or, qu'est-ce qui pourrait donner à celles-ci le plus de densité si ce n'est le rapport avec le sexe opposé ? De génération en génération, chaque être humain s'est profondément enrichi de sa confrontation avec son conjoint. Celle-ci n'a pu que laisser des traces dans sa psychologie. Notre inconscient détient nécessairement la marque du rapport avec lui. Nous avons déjà expliqué plus haut à quel point la relation existant entre les deux êtres pouvait être source de progrès pour l'individu. Depuis toujours, philosophies et religions ont évoqué l'harmonie idéale exprimée dans l'union de l'homme et de la femme et le thème oriental du yin et du yang donne la plus juste image de ce qu'elle peut signifier pour l'être humain.

Tel est le sens revêtu par un mythe de Platon célèbre entre tous. Le philosophe voyait en effet l'origine de la nature humaine dans l'union intime existant autrefois entre les deux êtres. L'humanité, racontait-il, était alors constituée de créatures de forme ronde ayant quatre bras et quatre jambes. Pour avoir déplu aux dieux elles furent châtiées en étant coupées en deux et, depuis lors, chaque moitié recherche l'autre et croit la retrouver à travers l'amour ressenti. Ce récit évoque le désir d'unité présent en soi et l'idée que la première condition pour la reconquérir se trouve dans le rapport avec l'autre sexe. C'est seulement dans la relation sentimentale que l'homme et la femme entretiennent ensemble que ce rêve pourra se réaliser. La nature de chacun d'eux demeure profondément différente de celle de l'autre et leur complémentarité ne peut que favoriser l'évolution psychologique humaine. Il s'est ensuivi dans la poursuite de cette quête une très forte tendance à identifier son âme avec une image idéalisée de notre partenaire en la projetant sur la personne aimée. La façon d'exprimer ses sentiments en témoigne puisque très souvent l'usage veut qu'on appelle celle-ci «mon âme» quand on s'adresse à elle. « L'inconscient masculin a une marque féminine; il se cache en quelque sorte dans le côté féminin de l'homme, que celui-ci ne voit pas en tant que tel, mais qu'il retrouve naturellement dans la femme qui exercera sur lui une fascination. C'est sans doute pourquoi l'âme est du genre féminin. Quand donc il s'établit entre l'homme et la femme une identité inconsciente, quelle qu'en soit la forme, lui prend les traits de son animus à elle, et elle, ceux de son anima à lui »[9].

Cette nature si particulière de notre âme, la tendance à vouloir l'identifier à l'autre sexe, trouve un témoin sur un terrain spécifique, celui qui a trait aux langues. Dans certaines d'entre elles, on peut relever des images de cette dualité dans le domaine des genres. Ainsi observe-t-on, dans nombre de langues, l'habitude de placer devant chaque nom un article masculin ou un article féminin. C'est pour elles une manière de conférer aux choses une nature spécifique pouvant être présentée comme une projection des contenus inconscients. On remarque ici la profondeur d'esprit à laquelle atteignent ces traditions et l'enracinement culturel auquel elles contribuent. En désignant ainsi les êtres et les choses, est donné à ceux-ci un caractère intime et familier permettant aux hommes de se relier plus facilement à eux et assurant une meilleure assise de leur personne. Il n'est pas indifférent d'évoquer *la* table ou *le* lit car cet usage vise précisément à donner une âme aux objets, lesquels restent dès lors en rapport avec les données personnelles de la psychologie humaine. Les genres accordés aux noms peuvent différer d'une langue à l'autre, car tous les peuples n'ont pas la même façon de sentir leur nature, mais toujours demeure ce désir de leur donner un sens. Mieux ancrés dans la réalité, les hommes se sentent alors plus sécurisés dans leurs relations avec le monde. Cet avantage, la langue anglaise le méconnaît dans la mesure où, si elle bénéficie d'un incontestable sens pratique que lui donne sa souplesse, elle traite chaque chose avec la même uniformité sans distinction des genres.

Ce désir d'établir une correspondance entre notre âme et le sexe opposé, un artiste en particulier a tenté, en France voici un siècle, de le transcrire sur ses toiles de manière aussi expressive que possible. C'est en effet à Gustave Moreaux que revient le mérite d'avoir su visualiser la nature profondément féminine attachée à l'âme de l'être masculin. Il s'est complu à ce sujet à en donner une représentation susceptible de rester fidèle aux aspirations de ce dernier en lui donnant l'apparence de femmes aux personnalités riches et diverses. Dans ce domaine, on a dit que l'image de la femme promue par l'artiste relevait d'un diptyque, soit un tableau à deux faces capable d'exprimer la nature ambivalente qui habite en nous et dont dépend notre destinée. Toutes les représentations qu'il a voulu donner d'elle peuvent ainsi prendre deux aspects : d'une part le monstre froid et implacable, d'autre part la femme pure mise sur un piédestal. Pour Gustave Moreau, le premier est un oiseau léger et funeste foulant tout aux pieds et qui apparaît dans son œuvre sous les traits de Circé, Salomé, Hellène, Messaline ou Dalila. A l'inverse, le peintre a aussi montré la femme pure et idéale, demeurée intouchable et inaccessible, traitée comme une vierge éternelle d'une froide beauté. En voulant exprimer cette dualité, l'artiste s'est efforcé de montrer les deux aspects de l'âme, positif et négatif, et, à travers la variété et l'ambivalence des femmes reproduites en peinture, a visé à dégager l'idée de puissance. Dans le dialogue que l'homme engage avec son âme, on sent l'interrogation qui assaille sa personne, l'obligeant à se remettre en question et à laquelle il lui faut trouver une réponse pour affirmer ses convictions. Tel Œdipe devant le sphinx, il doit prendre la mesure de sa dignité et rester à l'écoute des messages retransmis par son inconscient sur le sens de la condition humaine. Or, c'est dans le rapport avec la femme intérieure, qu'il aura pleinement conscience de ce qui lui manque et saura acquérir la sagesse que celle-ci détient de toute éternité. Alors il parviendra à canaliser et à intégrer à sa conscience toute cette énergie présente en lui-même.

A défaut d'être peu prolixes sur les représentations masculines propres à la femme, l'art et la littérature se sont emparés du thème de son correspondant féminin. Maintes fois, Jung a cité l'héroïne du romancier H. Rider Haggard, *She*, vivante image de la femme éternelle dans son acceptation la plus achevée. De la même manière le personnage d'Antinéa, imaginé par Pierre Benoît dans *L'Atlantide*, exerce le même attrait de par le pouvoir de fascination qu'elle exerce sur les hommes. Dans chaque œuvre, l'auteur a usé de son talent pour décrire les chemins sinueux et tortueux formant le complexe labyrinthe dans lequel s'engage le héros pour se laisser subjuguer au bout par la femme dans son pouvoir de séduction. Telle est la meilleure manière de symboliser l'inconscient et ses détours compliqués, lesquels sont autant d'obstacles à l'exhumation du joyau mystérieux et caché qui gît en nous. Ces deux figures nées de l'imagination fertile d'écrivains peu en mal d'inspiration expriment au mieux la nature de cette force qui nous anime et qui peut nous ôter toute liberté personnelle, pour autant que nous cédions à son influence.

De telles évocations, par leur grossissement et leur exagération montrant la puissance dont chacun subit l'emprise, permettent de comprendre plus aisément les comportements auxquelles est sujette l'âme tout au long de la vie quotidienne. Chaque être humain a en effet eu tendance, à partir de la représentation universelle du sexe opposé, de se forger une idée de celui-ci qui lui est personnelle et conforme à son caractère. L'image de la femme idéale que tout homme a en lui, tout comme celle de l'homme idéal détenue par la femme, chacun tend alors à la projeter sur la personne objet de sa passion. Tous les sentiments inopinés qui saisissent brutalement l'être humain et auxquels on a donné à tort l'expression d'«amour aveugle» trouvent leur source dans ce foyer intérieur et particulièrement actif.

C'est l'idée de féminité qui le plus souvent a servi d'intermédiaire dans la représentation que les hommes se sont faits de cette puissance. On relève en effet la tendance éminemment masculine à laquelle a toujours obéi l'humanité de figurer l'âme sous les traits d'une femme, habitude dont témoigne le langage courant puisque l'usage a de longtemps été établi de parler d'*une* âme. Le fait est que durant des millénaires l'homme a donné le ton et fait prévaloir sa volonté sur celle de sa compagne. Aussi, l'imaginaire humain a-t-il été peuplé par réaction d'êtres féminins ayant pour fonction de compenser cet excès de masculinité et d'aider l'homme à mieux appréhender son âme. Tous les personnages surnaturels que son imagination a voulu recréer en sont une manifestation particulièrement expressive. Les fées, ainsi, personnifient ses rêves, ses aspirations, les désirs restés les plus chers à son cœur, ceux dont sa vie quotidienne n'a pu permettre la réalisation. Elles sont en ce sens un aspect de la femme éternel. Le pouvoir qu'on leur a souvent attribué de se transformer à volonté en oiseau ou en cygne, signe de leur maîtrise de la magie, en fait bien des messagères de l'Autre Monde. Fées, nymphes, walkyries, toutes les divinités féminines dont l'homme a vivifié le monde et la nature ne sont que des projections de son âme et comme telles expriment sa volonté de trouver à sa nature masculine un complément susceptible de le guider sur le chemin de la vertu et de la sérénité. Ainsi s'est créé le mythe de l'éternel féminin dont rendent compte les légendes, source d'enrichissement pour la nature humaine. Certains esprits vont jusqu'à estimer aujourd'hui que la femme représente l'avenir de l'humanité et qu'elle sera plus tard destinée à jouer un grand rôle car « elle est plus liée que l'homme à l'âme du monde, aux premières forces élémentales et [que] c'est à travers elle que l'homme communie avec elles »[10].

De fait, l'histoire de l'humanité montre le rôle déterminant que certaines personnalités féminines ont pu jouer auprès d'hommes par l'influence exercée sur leur œuvre. La réalité même est là pour témoigner que les actes ayant fait la renommée de ces personnages ont atteint à une grande densité de par l'amour qu'une femme leur avait inspiré. Toutes les fois que l'homme s'est trouvé confronté à des situations l'obligeant à prendre de grandes décisions, la femme éternelle s'est manifestée à lui pour lui prodiguer son soutien. La nymphe Egérie dont les conseils ont heureusement influé sur l'action du roi Numa Pompilius a eu tout au long de l'histoire d'innombrables émules qui ont su tenir un rôle décisif dans la destinée de leur partenaire masculin. Dans le monde politique, on ne saurait certes méconnaître la place occupée, de manière affichée ou plus discrète, par des personnalités féminines, qui, par des avis écoutés, ont orienté l'action des souverains et chefs d'Etat pour le plus grand bien de leur patrie. Mais c'est dans le domaine artistique que cette tendance s'affirme avec le plus de vigueur par le tour créatif qui en est l'apanage. Artistes, poètes et écrivains ont eu des compagnes ayant contribué à donner à leur art spiritualisation et grandeur. Il n'est que d'étudier la vie de chacun d'eux pour se persuader de l'intérêt pris par leurs relations amoureuses dans l'élaboration de leur œuvre. Un exemple célèbre est celui de l'amour que porta Michel-Ange à Vitoria Colonna, source chez lui d'accomplissement et d'une incontestable maturité artistique. Dans le monde littéraire, on peut citer le cas de Laure de Berny qui insuffla à Honoré de Balzac le langage élevé qu'il devait tenir dans ses romans, celui de Julie Charles dont Lamartine évoque l'image dans ses vers. Citons aussi l'influence exercée par Sophie Volland sur Diderot, celles de Madame Sabatier sur Charles Baudelaire, de Marie Dorval sur Alfred de Vigny.

Surtout, on ne saurait méconnaître le cas de Dante dont l'œuvre *La divine comédie* dut beaucoup au sentiment que l'auteur avait éprouvé pour Béatrice, son grand amour de jeunesse. Cette passion domina toujours son art et devint pour lui un guide dans la genèse de son talent, subjugué qu'il fut par sa muse inspiratrice. Il subit un choc violent, celui d'une force invisible s'emparant de lui et qui, grâce au pouvoir de l'imagination, le fit agir à son gré. Toute son œuvre s'est enrichie de l'attraction qui le poussait vers cette dame et la perfection à laquelle elle atteint prend sa source dans le pouvoir de fascination qu'elle exerça sur son âme. Par son exemple, on prend alors conscience que c'est dans l'amour que la femme porte à l'homme et que l'homme porte à la femme que l'un et l'autre parviennent à exhumer ce qu'il y a de meilleur en eux-mêmes.

D'une vision aussi idéalisée de la femme, spiritualisation la plus achevée de l'âme masculine, Léonard de Vinci a su donner un modèle particulièrement abouti en faisant don à l'humanité de sa célèbre Joconde. Son génie fut de pouvoir représenter, en faisant le portrait d'une femme telle qu'il en existe beaucoup, l'essence profonde, première et universelle de la féminité. Le visage de la Joconde en est bien l'archétype intemporel, la part féminine, sublimée à un très haut niveau, qui gît en chaque homme. Son attitude exprime toute la charge d'amour qu'elle porte en elle, ainsi la pose de ses mains faite pour suggérer une sérénité emprunte de sagesse et de spiritualité, son sourire, celui de l'apaisement produit par la certitude d'être épanouie dans l'amour et la quiétude. La femme joue là son rôle de médiatrice, car, mieux enracinée que l'homme dans le monde naturel, elle incarne le trait d'union entre lui et le cosmos. C'est le sens du paysage que l'on voit derrière elle, un espace creux, intemporel et irréel, celui de l'immensité qui est la sœur de l'éternité, le monde de rêve auquel nous convie la Joconde et qui est la vivante image de notre monde intérieur. Véritable pont entre la nature et l'homme, la femme prend ce dernier par la main pour le conduire dans ce monde infini et lui rappeler ainsi sa juste place au sein de l'univers. A un niveau intellectuel inégalé, Vinci a été capable d'exprimer le plus subtil hommage qu'il ait été donné à la pensée humaine de rendre à un visage féminin et, dépassant le niveau purement humain, a fait de la Joconde un mythe universel et éternel.

Force de la relation amoureuse

Telle est bien l'image de l'éternel féminin, lequel nous attire toujours vers les sphères les plus hautes auxquelles peut prétendre la nature humaine. La force exercée par cette représentation de l'âme suggère que c'est dans l'attachement réciproque éprouvé par l'homme et la femme qu'il appartient à l'un et à l'autre de se découvrir et de s'enrichir mutuellement. On ne saurait voir ailleurs que dans l'amour un état aussi favorable à cette intimité avec soi-même. Quand il est authentique et pur, ce sentiment ne peut qu'être un facteur important dans le progrès de la conscience humaine. En l'occurrence, il permet, par la remise en question qu'il suppose, une meilleure appréhension de notre âme. Il détient alors un rôle essentiel dans l'action de la conscience visant à mener à elle les énergies inconscientes nécessaires à la stabilité du couple. Ainsi sollicitée, l'âme opère des choix propres à déterminer son évolution et son avenir. C'est un aspect de la nature humaine que les hommes ont de tout temps éprouvé puisqu'ils lui ont donné une place éminente au sein de leurs mythologies.

Le mythe de Eros et de Psyché rend merveilleusement compte du rôle tenu par l'expérience amoureuse dans l'âme de chacun et de l'âpre conflit qui en est la conséquence. Jeune fille d'une grande beauté, Psyché, terme signifiant « âme » en grec, est séduite par Eros, dieu de l'amour. Mais celui-ci refuse de lui dire qui il est et l'avertit que le jour où elle verra son visage elle le perdra à jamais. Passant outre à ces injonctions, elle se résout à contempler son amant pendant qu'il est endormi et découvre un bel adolescent. L'amour ainsi mis à jour s'enfuit au grand désespoir de Psyché. Finalement, Eros qui ne peut plus oublier Psyché obtient de Zeus le droit de s'unir à la jeune femme laquelle, divinisée, devient son épouse.

Le caractère universel du mythe provient de ce qu'il exprime le désir de l'âme toujours tentée de connaître l'amour.

Ce désir ardent de voir absolument son amant est le doute de l'être voulant percer à jour la réalité de son amour et qui, prisonnier des apparences, tombe dans la facilité du désir physique sans attendre que son sentiment arrive à maturité.

L'esprit divin personnifié par Zeus, symbole de la perfection, et l'autorisation que consent à donner le roi des dieux signifient que le sentiment s'est élevé au-delà de la vie des sens pour atteindre à une dimension spirituelle. Entré dans la vie, il a permis à l'âme de s'ouvrir au monde des dieux. « L'amour a besoin, pour se compléter, de l'esprit, et l'esprit, de l'amour »[11]. Par son pouvoir bienfaisant, il est parvenu à dépasser toutes les contradictions pour les intégrer dans une même unité. Dans la mesure où il s'est traduit par un don de soi et où l'affection portée à l'autre s'est exprimée dans un détachement de son ego, l'individu s'est transfiguré. Pour avoir préféré l'union à la possession, il a su faire de son amour une source de progrès pour son âme.

Ce mythe a été repris par un conte qui en a précisé le sens, *La Belle et la bête* de Mme Leprince de Beaumont. L'histoire est celle d'une belle livrée à un monstre laid mais si bon qu'elle l'aima et en fit un prince charmant. Ainsi suffit-il d'aimer un être pour qu'il devienne à nos yeux l'être le plus magnifique, car l'amour rend toujours plus beau celui ou celle que l'on aime et transcende la réalité. La transformation de la bête en un beau prince a la même valeur que l'intervention de Zeus entre Eros et Psyché. Elle est l'image de la nouvelle conscience acquise par la belle, le symbole de l'âme qui est parvenue à dépasser les exigences de son ego, a su ne pas être l'esclave de ses désirs cachés pour accepter l'être aimé en tant qu'homme véritable, soit en tant qu'être réel dans toute sa richesse et sa diversité. C'est la situation de l'individu qui, dans les sentiments éprouvés, n'a pas cédé aux apparences, mais les a dépassées pour connaître vraiment l'autre et vivre avec lui l'amour le plus profond. Quand il est vécu en plein accord avec la réalité des choses, l'amour permet une relation très riche avec le sexe opposé, rendue possible par une ouverture de soi sur toutes les virtualités de l'âme.

Un état aussi idéal ne saurait être comparé à un sentiment aussi excessif que la passion, bien éloigné de l'amour pur et authentique. L'être passionné ne vise qu'à dominer et à posséder l'objet de sa passion préférant le voir mort plutôt que d'accepter son éloignement. Ce fut la gloire de Racine et de Proust de décrire les mécanismes les plus subtils animant ce désir en s'efforçant de montrer qu'il était bien plus proche de la haine que de l'amour. Bien différent est ce dernier puisqu'il consiste non à régner mais à servir, à mettre la personne aimée au-dessus de soi. Dans cet attachement, chacun trouvera à s'enrichir car il devra rechercher au fond de lui-même la part de sa personne qui ressemble le plus à l'objet de son affection, de telle sorte qu'il puisse mieux le connaître. L'amour véritable est en effet inséparable de la connaissance, car aimer un être est le connaître profondément dans toutes ses qualités et ses faiblesses.

Toutes les grandes histoires d'amour dont rend compte la mémoire des hommes témoignent de cette aspiration et de cette tendance à plonger dans l'âme de l'être dont le cœur s'est épris. L'exemple de Tristan et Yseut en est une fidèle image et l'univers courtois dont il relève montre bien le rapport existant entre amour et connaissance de l'autre. La valorisation de la femme à laquelle on assiste alors, chose nouvelle face aux époques plus rudes qui la voyaient soumise au bon vouloir de l'homme, prouve que le plus faible des êtres a acquis son importance et est le signe d'un incontestable progrès de la civilisation humaine. Les conventions de la femme obligent l'homme à s'abaisser devant elle, le forçant dans une mesure non négligeable à une confrontation avec lui-même. L'égalité existant dès lors entre lui et sa compagne est, pour lui comme pour elle, occasion de se chercher afin de mieux comprendre l'autre.

Il semble que lorsque l'être humain parvient à canaliser cette puissance qui lui vient de son inconscient collectif, il peut tirer de celle-ci toute l'énergie bienfaisante nécessaire à son accomplissement et à son action. Profitant de son heureuse influence, il parvient à nouer la meilleure relation avec l'être à qui il a donné son affection. La richesse intérieure représentée par l'anima pour l'homme et par l'animus pour la femme se présente comme un réservoir dans lequel il est loisible à chacun de puiser pour véritablement vivre avec l'autre l'amour le plus profond. A chaque partenaire il appartiendra par un effort d'intériorisation progressif d'intégrer cette part de lui-même à sa personnalité.

Mais l'acquisition d'une telle maturité ne pourra être instantanée. Elle nécessitera un travail long et patient sur soi-même car il faut à chaque être l'accomplissement d'efforts conséquents pour que s'améliore peu à peu l'état de son âme. Jung affirme qu'il existe des degrés successifs d'approfondissement dans la prise en considération de celle-ci. L'homme doit évoluer dans la connaissance de son anima, tout comme la femme à l'égard de son animus. Jetant un regard sur lui-même, il lui faut passer par plusieurs étapes lesquelles sont autant de stades jalonnant sa progression personnelle. Chacune d'elle représente un niveau particulier qui demande à être dépassé dans une élévation graduelle nous faisant aller du monde matériel au monde spirituel. Il s'agit d'un long cheminement qui permet à l'être humain de découvrir peu à peu toutes les richesses intérieures qui l'habitent et les virtualités dont il dispose.

Au niveau le plus élémentaire, c'est d'abord dans la femme primitive, l'Eve éternelle présente en l'être masculin, que l'homme a projeté son âme, celle-ci alors personnification des relations instinctives. De cette image peuvent relever tous les sexes symboles, les vamps qui se sont imposés à l'admiration du public par l'intermédiaire du cinéma qui en a fait des mythes, celles dont la beauté physique s'impose dans tout son éclat bien éloignées des femmes distinguées et sophistiquées. A partir de là, l'homme s'élève peu à peu et parvient dans un mouvement ascensionnel à la femme romantique dont l'Iliade a donné un symbole abouti avec la belle Hélène. Puis il se purifie encore vers la dévotion spirituelle avant de conquérir enfin la sagesse de l'éternel féminin dans toute sa sainteté et sa pureté. La Vierge en est une image idéale à l'instar d'Isis, en Égypte, ou d'Athéna, déesse de la sagesse.

Effectivement, les différents niveaux d'appréhension de la nature féminine se relèvent dans les nombreuses et diverses représentations de la femme. On ne peut que noter la multitude de facettes par lesquelles l'homme a considéré l'autre sexe, de la vulgarité la plus affligeante à l'idéalisation la plus sublime. Il ne faut guère se pencher sur les clichés de caractère pornographique qui, d'une bassesse répugnante, ne montrent que les êtres d'un point de vue purement animal et n'ont pour l'enrichissement de la conscience masculine qu'un intérêt tout à fait insignifiant. Au-delà, nos magazines et journaux fourmillent de photos révélant simplement des femmes belles et désirables aux visages merveilleux. Une telle expression de la beauté reste superficielle dans la mesure où elle n'est que l'image de l'extrême jeunesse. Ne mettant pas toujours en valeur une personnalité censée se refléter dans les traits du personnage, elle ne donne à l'homme qu'une idée encore pauvre de sa féminité inconsciente. Par contraste, le monde des arts a su en manifester une vision beaucoup plus haute. Certains artistes sont parvenus à l'exprimer de façon très aboutie dans les portraits des dames qu'ils avaient pour tâche de réaliser. Dans cette tendance à vouloir déifier la nature de l'être féminin, nous avons déjà cité l'exemple de Gustave Moreau, celui de Vinci et de la Joconde. Mais d'autres artistes, à des degrés divers, ont aussi bien valorisé la femme en la mettant sur un plan très élevé. Ainsi au XVIe siècle en Italie, Tiziano Vecellio, plus connu sous le nom de Titien, a composé d'admirables portraits auxquels il a conféré une dimension extraordinaire, tout particulièrement dans ses représentations de Venus. On a coutume de faire de celle-ci le symbole des désirs sauvages, des passions exprimées sans retenue, de l'amour physique purement animal. Pourtant, le peintre est parvenu à dépasser cette vision limitée à la conception sexuelle en réussissant à transcender la nudité des êtres apparaissant dans ses toiles, soit en les montrant, non comme des courtisanes ou de vulgaires prostituées, mais telles des femmes présentant un certain idéal. Les corps magnifiques qu'il recréait, il les a tendus vers la perfection en leur donnant une valeur mythique et poétique. L'une de ses œuvres, L'amour profane et l'amour sacré, est réellement un hymne à la beauté féminine et à la puissance d'amour qui y contribue. A côté de l'amour profane représenté par une femme déshabillée se dresse l'amour sacré, une dame revêtue d'une robe au large décolleté lui donnant une incontestable distinction, une manière de symboliser un amour surnaturel, voire religieux. Les différentes perceptions de la femme qui vont des simples images de nos revues à celles bien plus sophistiquées rendues par les artistes expriment la richesse spirituelle de l'éternel féminin et l'effort d'approfondissement toujours nécessaire à l'homme pour l'assimiler à sa conscience.

Il est significatif que les Grecs qui ont tant marginalisé la femme, l'écartant de toute vie politique et des sphères de décision en la confinant dans ses devoirs de mère et d'épouse, n'en aient pas moins représenté par une divinité féminine l'idée même de la sagesse. A Athéna était dévolu le rôle d'insuffler aux hommes intelligence et mesure et d'assurer le meilleur équilibre entre les différentes tendances de leur être. En opposition avec les violents instincts du trop bouillant Arès, dieu de la guerre, sa vocation était d'harmoniser les lois de la nature humaine. Image de l'intelligence intuitive, son aide aux héros est celle de la spiritualité contre la force brutale. Inspirant les plus nobles activités de l'esprit, son rôle s'affirme dans toutes les réalisations humaines, tant dans les activités pratiques et créatrices, que dans la vie politique régentant la société.

Mais le christianisme est allé encore plus loin dans cette tendance profondément masculine à se représenter vertu et pureté sous l'image d'une femme, de par le rôle éminemment spirituel qu'il a accordé à la Vierge, « une médiatrice qui mène vers Dieu et qui assure aux hommes le salut de l'immortalité »[12]. Une religion faisant une place aussi grande à l'amour, la souffrance et la charité ne pouvait que conférer une très haute dignité à sa représentation de la femme. Quand nos pensées se posent sur l'image de la Vierge Marie, c'est l'image de compassion et de douceur qui nous vient à l'esprit. Au-delà des prétentieuses idéologies de notre temps, la mère du Christ fait appel en nous à toutes les qualités de cœur et d'innocence par lesquelles nous aimons nos semblables. C'est un trait d'humanité qu'elle a manifesté à Cana quand elle engageait son fils à faire son premier miracle en donnant du vin à la foule. Elle exprime aussi la confiance, celle qu'elle a témoigné le jour du calvaire en affirmant sa foi. Face à toutes les entreprises humaines visant au développement, au progrès et à la domination, elle nous incite à aller au-delà des apparences en nous tournant davantage sur nous même et à préférer la nature à toutes les fallacieuses constructions de l'intelligence.

Une si haute figure susceptible de s'identifier à l'âme de l'être masculin a nécessairement son correspondant dans la compagne de celui-ci. S'il appartient à l'homme d'exhumer cette part de lui-même propre à lui faire entrevoir de nouveaux horizons, un désir similaire anime les aspirations de la femme. Elle aussi a capacité à faire progresser sa part masculine pour l'amener à un plus haut niveau de développement. De l'homme sauvage auquel répond l'image d'hommes musclés et athlétiques et dont l'exemple du héros Tarzan est un bon prototype, elle se dirige vers l'homme romantique et aventurier, source d'admiration devant la sensibilité et la prouesse. Puis elle s'en dégage pour aller à l'homme qui a la parole, savant ou leader politique. Enfin, elle intègre le savoir masculin sur le sens profond de l'existence, celui du sage guidant vers la vérité spirituelle et à laquelle nous convient grands philosophes et fondateurs d'ordres religieux, le Christ triomphant et vainqueur de la mort.

Toutes ces images représentatives de notre âme nous font percevoir le rôle qu'elle détient dans l'évolution spirituelle de l'être humain et le désir très fort qu'a ce dernier de maintenir sa relation avec le sacré. Le lien qu'elle entretient avec la divinité donne une place déterminante à la représentation du complément féminin ou masculin dans notre confrontation avec l'invisible. Par son âme, l'homme se sent en communion avec l'univers entier et reste à l'écoute de son inconscient. Du plus profond de son cœur, il ressent à travers elle l'appel de l'infini montrant que la négation d'une tendance aussi forte ne pourrait être que contraire aux lois les plus élémentaires de la nature humaine.

Il n'en demeure pas moins qu'il a pu exister à certaines époques des esprits pour tenter de s'opposer à ces dernières en leur substituant des systèmes que ne nourrissait que leur seul intellect.

Scepticisme et remise en cause

Le fait est qu'on relève un certain dédain manifesté par notre époque pour le domaine spirituel.

Sous l'effet de la déchristianisation du XVIIIe et du XIXe siècle, le sentiment religieux s'est beaucoup émoussé au sein des sociétés humaines. L'impact de la philosophie du siècle des Lumières, a eu pour conséquence chez l'être humain la remise en question du sacré et amené les esprits occidentaux à prendre leurs distances envers les idées religieuses.

Pourtant, les progrès du matérialisme et le triomphe de l'esprit scientifique ne mettent pas fin à toutes les légitimes interrogations qui assaillent l'individu. Extrêmement naturelles, elles relèvent d'un désir latent profondément enraciné en l'homme et comme tel inséparable de sa nature. On ne saurait en voir de meilleures preuves que dans la réaction qui se produit au fond de lui-même lorsqu'il tente d'en faire délibérément abstraction. Quand ces besoins sont bafoués, il se produit une violente manifestation de son âme toujours demeurée en contact avec son inconscient. Jung affirme que celui-ci exerce une fonction compensatrice quand la conscience s'écarte de ses racines. « A tout excès répondent, aussitôt et par nécessité, des compensations sans lesquelles il n'y aurait ni métabolisme normal, ni psyché normale. Dans ce sens, on peut proclamer que la théorie des compensations est une règle fondamentale du comportement psychique. Une insuffisance en un point crée un excès en un autre »[13]. Il en résulte que toutes les fois que l'être humain est en proie à une indigence spirituelle propre à le plonger dans le désarroi ou à une crise morale issue d'un malaise collectif, ces troubles ont pour corollaire un retour en force de l'irrationnel et de la superstition, quand bien même on pouvait les croire définitivement oubliés. En même temps, toutes les attitudes sceptiques provoquées par une croyance délibérée en la seule raison humaine ont pour réaction une manifestation de son imaginaire duquel surgissent sans contrôle images et symboles. Substitut d'une vie spirituelle non assumée, leur apparition est le fruit de désirs inconscients volontairement ignorés.

Le siècle des Lumières, et toute la mentalité qui s'y rattache, offre le meilleur exemple de cette scission qui se produit de temps à autre dans l'esprit des hommes. La volonté des philosophes de faire émerger l'être humain de son univers religieux, pour eux vaines superstitions, se fit en parallèle avec une série de quêtes anxieuses engagées par certaines personnalités tenaillées par l'angoisse et le doute. Ainsi assista-t-on à un engouement d'une aveugle crédulité pour les évocations, les apparitions et divinations de toute sorte, tous comportements contrastant avec l'attrait pour l'universelle Raison dont cette époque s'est par ailleurs rendue si célèbre. Des êtres comme Swedenborg, Lavater ou Mesmer ont donné à leur temps une coloration bien différente de celle émanée de Diderot, Helvetius ou Voltaire. L'occultisme, et son plus fameux représentant Cagliostro, connut en ce temps une vogue particulière. C'est là un XVIIIe siècle ignoré qui contraste avec celui de la raison et du progrès mais dont l'existence s'explique par la méconnaissance que ses contemporains ont témoignée envers la nature humaine et sa soif de spiritualité.

Cette même tendance à laquelle cèdent parfois nos semblables, notre psychologue a cru la remarquer dans un phénomène auquel le XXe s'est laissé séduire, celui ayant trait aux Objets Volants Non Identifiés (OVNI). C'est dans la période consécutive à la fin de la guerre que ces derniers se sont signalés à l'attention humaine, soit dés l'année 1947, date à laquelle un témoin oculaire a relaté la première apparition d'une soucoupe volante. D'autres récits sont venus ensuite apporter de nouveaux éléments. Que l'on veuille ou non accorder crédits à ces témoignages, il nous faut reconnaître que l'impact qu'ils ont pu avoir dans les esprits d'alors relève bien d'une donnée incontournable de notre âme. Ce n'est pas la première fois que les hommes ont été saisis par de telles visions, et si l'on a tenté de leur donner une explication logique dans l'immédiat après-guerre, l'humanité s'est toujours sentie, depuis les époques les plus anciennes, subjuguée par des apparitions inexpliquées.

De tout temps et sur tous les continents, les hommes ont souvent ressenti l'émerveillement devant ce qu'ils considéraient être des prodiges. Que ce soit en Afrique, dans les papyrus égyptiens, au sein de l'Amérique précolombienne ou chez les peuples de l'Inde, de la Chine et du Japon, on retrouve dans chaque tradition des références à des phénomènes relatifs à des déplacements hors de tout contexte naturel. Dans notre propre civilisation, il n'est que de se pencher sur les textes du passé pour déceler les traces les plus marquantes de ces réactions. On y relève les relations des Anciens évoquant des visions de flammes, d'éclairs ou de globes lumineux apparaissant subitement dans le ciel. Dans de telles manifestations, ils pensaient voir des signes des dieux supposés annoncer des événements extraordinaires ou célébrer des personnalités exceptionnelles. Ainsi trouve-t-on dans la Bible nombre d'expériences connues par des prophètes qui s'étaient alors sentis enlevés et placés devant des scènes éblouissantes et splendides au sein du firmament. La vision d'Ezéchiel est à ce titre la plus célèbre et relate l'apparition d'un char de feu se révélant subitement à ses yeux. L'étoile de Bethléem guidant les rois mages vers le lieu où naquit le Christ est un exemple non moins fameux de ces phénomènes perçus alors comme une expression de la volonté divine. Trois siècles plus tard, c'est lorsqu'il crut voir une croix de feu dans le ciel italien que l'empereur Constantin eut la prémonition de sa victoire sur ses ennemis et promit de se convertir au christianisme. Au Moyen Age persista la croyance en ces apparitions et l'on retrouve des rencontres entre humains et êtres d'un autre monde dans les folklores de tous les pays, une façon de renouer avec les génies et les lutins qui peuplaient l'imagination de nos ancêtres. On racontait par exemple qu'au moment où étaient sur le point de se produire des perturbations sociales apparaissaient dans le ciel des cavaliers galopant et se livrant combat.

L'OVNI ne fait que prendre la suite de toutes ces expériences surnaturelles et se place dans une certaine continuité avec les visions d'antan. Il se présente à travers l'Histoire comme un phénomène à la fois réel et mystique, caractéristique d'une atmosphère de miracle dans laquelle les hommes ont toujours trouvé remède à leur angoisse. La situation politique connue par le monde dans les années suivant la fin de la guerre et le dramatique climat de guerre froide qui était alors le lot de l'humanité ont favorisé le crédit accordé par les esprits à ces apparitions et la fascination que celles-ci ont exercée sur eux.

Surtout, si elles ont eu un tel pouvoir de séduction, c'est parce qu'elles donnaient un tour irrationnel à l'environnement par trop cartésien dans lequel les hommes restaient confinés. Elles offraient une certaine compensation au dramatique vide spirituel ressenti par leur âme. Une fois encore, le contexte de scepticisme et de doute relatif aux valeurs religieuses avait pour contrecoup le désir de trouver ailleurs un moyen de compenser d'intimes frustration. L'emprise du surnaturel sur certains esprits, la fascination ressentie pour les soucoupes volantes, n'étaient que l'éternelle manifestation du divin exerçant son action sur l'âme humaine et que les hommes, à défaut de voir celle-ci dans une religion reculant devant la modernité, s'efforçaient d'exprimer d'une autre manière. C'est là le signe du déracinement spirituel propre à notre temps, la « signification compensatoire » de l'inconscient dont parle Jung, une manifestation de ce fond obscur et mystérieux de notre être, qui parce qu'il est méprisé par la conscience humaine cherche à s'exprimer dans des croyances non reconnues. « Cette problématique soulevée par « l'épidémie de soucoupes volantes » et ressortissant à la psychologie collective se trouve avec notre vision du monde scientifique dans un rapport d'opposition compensatoire »[14].

Au travers de ces phénomènes, il est patent que le fait religieux est un trait naturel et indéracinable de la personne humaine. L'homme qui n'obéit qu'à son seul intellect est un infirme qui se coupe de la partie la plus naturelle de son âme et de tous les bienfaits qu'il peut en retirer. Ceux-ci, le plus sûr garant de son indépendance d'esprit, demeurent le meilleur garde-fou élevé contre le pouvoir des idées imposées par suggestion collective. Dans la mesure où le pouvoir totalitaire, tristement caractéristique du XXe siècle, dégrade et abâtardit l'individu, celui qui reste ancré dans les réalités invisibles acquiert une solidité morale suffisante pour résister à ce carcan. Assumer notre spiritualité reste le seul moyen de lutter contre cette dépersonnalisation de l'être humain, nous permet de conserver force et dignité si nous avons su garder en nous le sentiment de l'illimité.

C'est dans un substrat très profond de notre être que celui-ci prend sa source car la spiritualité humaine s'alimente des forces puissantes et intangibles présentes dans ce que Jung a appelé l'inconscient collectif.

Inconscient collectif et nature humaine

Fond primordial de la personne humaine auquel nous n'avons cessé de nous référer depuis le commencement de cet ouvrage, base de toute vie de l'esprit, l'inconscient collectif est, selon notre savant, une condition essentielle de la vie psychologique. Au-delà de la singularité de chacun, il est le fruit de toutes les expériences que l'homme a connu sur terre depuis qu'il existe et que chaque siècle a peu à peu enrichi. Il se présente comme un océan dont l'immensité et la puissance peuvent subjuguer l'individu. En lui, s'activent des forces dynamiques, dénommées par Jung archétypes, lesquels s'imposent à la conscience et agissent sur la pensée humaine.

Si l'inconscient collectif suscite l'inquiétude par son caractère mystérieux et irrationnel, il fascine aussi par la prodigieuse richesse qu'il nous dévoile. Univers inconnu par lequel s'exprime le sacré, source de nos aspirations et lieu de tous les mystères, il influence notre vision du monde et détermine nos rapports avec lui. Monde paradoxal dans lequel s'abolissent les contraires, il représente une énorme réserve d'énergie, le lieu de toutes les possibilités et de la vie. Depuis longtemps, l'imagination des hommes s'est nourrie de ce fabuleux trésor et les nombreux contes, les légendes et mythes qui ont enchanté notre univers de leur magie se sont chargés d'en révéler la splendeur. Lutins, gnomes, magiciens ou fées sont autant de figures qui expriment en l'homme sa quête du bonheur et son désir d'absolu. L'émerveillement ressenti alors lui fait retrouver ses racines, donne force et valeur à sa vie spirituelle, lie son cœur à son intelligence. Toutes ces figures, éléments du plus vaste univers féeriques, sont, en tant qu'expression des archétypes de notre inconscient collectif, assimilées par l'esprit sous le nom de symboles. Ceux-ci, telles des images surgissant dans nos rêves, sont présents dans toutes les mythologies humaines. Parce que les puissances dont ils sont issues sont communes à tous les hommes, les mêmes thèmes et les mêmes histoires se retrouvent dans toutes les légendes et animent toutes les religions.

Sens des mythes

De longtemps, les mythes ont exercé une fascination sur notre âme. S'ils nous émeuvent et nous touchent tant, c'est parce qu'ils nous aident à trouver des réponses aux questions que nous nous sommes toujours posées sur le sens à donner à notre existence. C'est un besoin que la science ne saurait combler. A une époque où celle-ci accroît nos possibilités d'action, la confiance que nous placions autrefois dans les mythes diminue d'autant. Pourtant, c'est à mesure que grandit notre pouvoir sur le monde que prennent le plus de poids les préoccupations sur nous-mêmes et la place qui nous revient réellement dans l'univers. Or, c'est en laissant librement s'exprimer son imagination et en renouant avec le monde invisible qui gît en lui que l'homme retrouvera la sérénité. Dans sa recherche de lui-même, les mythes détiennent un rôle éminent ce que, longtemps avant Jung, avait senti Platon.

Dans sa philosophie des Idées, le philosophe athénien tentait d'inciter l'homme à dépasser le monde des formes renvoyées par nos sens pour renouer avec le monde des idées entrevu par l'âme avant qu'elle ne soit unie au corps. Jung va dans le même sens lorsqu'il enjoint à l'homme de prendre contact avec son inconscient collectif et d'assimiler toutes les expériences de ses ancêtres. Le désir d'intégrer les mythes ne fait que renvoyer aux Idées dont parle Platon. Les réminiscences que ce dernier évoque au sujet des choses du monde visible, simples images d'une essence supérieure connue autrefois par l'âme humaine, nous ramènent aux expériences de la vie quotidienne, simples succédanées des représentations intemporelles présentes dans l'inconscient humain. La volonté du philosophe de faire en sorte que l'homme se dépouille de toute sa réalité éphémère pour se relier à l'univers divin dont il provient rejoint la conception de Jung qui veut que l'individu prenne contact avec le monde primordial que lui dévoile son inconscient.

Si le mythe exerce sur nous un aussi étrange pouvoir, c'est qu'il exprime l'essence profonde de la nature humaine. Indépendamment de toute référence d'ordre logique et rationnelle, il frappe par sa vérité en révélant l'homme à lui-même, en le saisissant dans ce qu'il a de plus profond en tant que lié à ses expériences intimes. Condensant en une seule histoire une multitude de situations analogues, ce qu'il dit prend une note familière car chacun est susceptible de le vivre dans sa réalité quotidienne. De l'homme, il exprime les peurs face à l'inconnu, les angoisses, les craintes, les souffrances, les révoltes devant le destin et aussi les désirs et les passions violentes qui l'animent. Il est l'image même de la condition humaine. Le mythe de la création, par exemple, donne une vision de la formation du monde, celui dans lequel les hommes peuvent vivre et envers lequel ils conçoivent leur rôle. Le mythe des titans et de Prométhée prend acte de la conscience humaine qui veut s'élever jusqu'aux dieux.

Tous ces récits expriment les aspirations de l'être humain, celles qui le tournent vers les actions les plus fécondes, où ses qualités spirituelles parvenues à leur pleine maturité lui permettent, tel Pégase volant vers les plus hauts niveaux de la voûte céleste, de s'élever au maximum de ses possibilités et d'atteindre à la créativité la plus sublime. Le mythe mobilise des valeurs capables de jeter dans l'action des hommes à qui il fait prendre conscience de leur idéal. A cette fin, il définit leurs rapports avec le monde des dieux puisque ces derniers seuls peuvent les aider à combler leurs aspirations. L'homme aspire toujours au grandiose. Dans ce noble dessein il a imaginé des divinités symbolisant pour lui la meilleure image de l'âme humaine et de ses qualités.

Par-là, le mythe pose le problème essentiel de la liberté et de la destinée humaine. Animé par une volonté de se dépasser, l'homme tend toujours vers ce qui demeure plus grand que lui-même et, mu par le désir de s'accomplir, interroge son esprit sur les moyens dont il dispose. Les sentiments les plus divers sollicitant son cœur motivent et influencent son action; la divinité l'aide dans sa quête de l'absolu. Les dieux auxquels il voue son adoration sont pour lui des puissances ayant pour vocation de lui permettre de développer en lui toutes les qualités nécessaires à l'accomplissement de ses projets. Chacun d'eux personnifie une vertu particulière, véritable lumière vers laquelle ses yeux sont tournés et qui le guide dans son approche de la perfection.

Dans le dialogue ainsi engagé avec les instances supérieures est donné à l'homme le moyen de prendre la mesure de lui-même. Selon qu'il respecte la volonté divine ou au contraire s'en écarte par ses actions irraisonnées, il acquiert une meilleure connaissance de sa nature personnelle. C'est la sagesse que les mythes ont pour devoir de lui enseigner, fruit de tous les efforts entrepris par ses ancêtres à chaque génération. Si le message dont ils sont dépositaires reste ignoré et méprisé, les puissances dont ils relèvent peuvent s'emparer de la conscience humaine et créer en l'homme un état de possession le privant de son pouvoir de décision. Il court alors le danger de s'identifier aux symboles au lieu d'en être le maître, de perdre tout sens des réalités, de suivre des commandements imaginaires sans les remettre en question. S'il est un chef charismatique placé à la tête d'une grande nation il se prendra pour un sauveur destiné à régénérer l'humanité, s'égalera aux dieux au-delà de toute mesure et subira la force de l'archétype qui agit du fond de son inconscient.

Tel est le choix qui s'impose à l'homme, celui d'être possédé par la force de l'archétype ou de l'intégrer à sa conscience. Selon qu'il choisira l'une ou l'autre voie, il en découlera bonheur ou malheur tant pour lui que pour ses proches. S'il s'agit d'un chef, voire d'un homme d'état, il s'ensuivra bien ou mal pour son pays, car plus est élevé le rôle dans la société plus il faut être conscient et responsable. L'orientation qui sera la sienne donnera tout son sens à sa liberté. Telle est la signification du héros mythologique. Quel que puisse être son pouvoir de fascination, on comprend que les Grecs n'aient pas voulu en faire un modèle quand on considère son caractère ambigu, symbole de la difficulté que les hommes ont toujours éprouvé à édifier leur personnalité.

Mais le pouvoir détenu par ces symboles tire son origine d'une source bien plus importante encore. Puisque l'influence exercée par les mythes engage toute notre personnalité, elle ne peut que se référer à une force très puissante, synthèse entre notre conscience et notre inconscient, centre de notre individualité. Les réalités les plus différentes se ramènent à elle, leur raison d'être, foyer où se rejoignent les multiples aspirations humaines dans leur recherche de l'unité. Tout ce qui existe n'existe que par rapport à ce centre. A ce point ultime où prennent leur source toutes nos énergies, Jung a donné le nom de Soi. Il représente l'absolu, Dieu en nous-mêmes, le terme auquel aboutissent mythes et symboles. Il est une résolution, celle de toutes les forces qui s'opposent en notre personne, de tous les conflits et antagonismes susceptibles d'agiter notre âme, cœur vital où l'homme trouve son inspiration la plus féconde.

Réceptacle d'une sagesse essentielle, le mythe apporte enrichissement et maturité à notre conscience en l'enracinant dans un héritage très ancien, et redonnent un sens à notre vie toutes les fois qu'elle est plongée dans l'incertitude. «[Il] est le degré intermédiaire inévitable et indispensable entre l'inconscient et la connaissance consciente. Il est établi que l'inconscient sait plus que le conscient, mais son savoir est d'une essence particulière, un savoir dans l'éternité qui, le plus souvent, n'a aucun rapport avec l'«ici» et le «maintenant» et qui ne tient aucun compte du langage que parle notre intellect»[15]. La spiritualité qui en émane produit l'équilibre en se plaçant à égale distance de tout excès, vaines agitations et folles passions. La vie humaine est paradoxale et il est toujours vain de vouloir la réduire à une conception unique. Elle peut être bénédiction mais aussi malédiction, source d'amour mais aussi de douleur, représente la joie de vivre et la marche vers la mort. En répondant à ces questions, le mythe recueille tous les fruits de l'expérience humaine.

Il ne suffit pas pourtant de l'extérioriser et de le formuler dans sa plus juste vérité. Il importe aussi d'assurer sa pérennité avec des moyens appropriés. Les symboles universels dont témoigne l'inconscient constituent la trame du sacré et c'est en exprimant celui-ci que l'on permet à la conscience d'en prendre connaissance. Dans ce but, le mythe apparaît comme inséparable du rite.

Mythes et rites

Sens universel du rite

Le rite a pour rôle de réaliser le mythe et de donner à l'homme la possibilité de le vivre. Au niveau le plus élémentaire, son devoir est d'abord d'améliorer la vie en société et d'harmoniser les relations humaines. Les règles de bienséance et de politesse n'ont pas d'autres buts que de faciliter les rapports sociaux et d'ouvrir chaque individu à autrui, de faciliter les échanges humains en demeurant la première étape dans les rapports amicaux que chacun entretient avec son semblable. Ce qui apparaît comme une vérité au sein de la communauté humaine n'a pas moins de valeur dans nos rapports avec le ciel et les rites sont essentiels pour assurer nos liens avec l'univers. Longtemps, il fut pour les hommes la seule manière d'entrer en contact avec l'invisible. L'ouverture que les lois de convivialité permettent dans les relations humaines trouve son corollaire dans la disponibilité envers le monde céleste assurée par le rite. Ce dernier rend possible l'accession au sacré, permet de canaliser l'énergie exprimée par les symboles en la transcendant et en l'intégrant à notre âme. Il met alors la conscience en disponibilité en faisant en sorte qu'elle soit réceptive à la révélation du divin. «Il existe d'innombrables rites magiques à l'unique fin de se prémunir contre les tendances dangereuses et imprévisibles de l'inconscient [...]. Dés l'aube de l'humanité, il exista une tendance marquée à limiter l'influence déréglée et arbitraire du surnaturel par des formules et des lois précises»[16].

Parmi maints exemples, celui du sacrifice offre la meilleure vision du rôle exercé par le rite dans la vie de l'âme humaine.

L'analogie que l'on relève entre la racine du mot et celle du terme sacré ne saurait être un hasard car le sens qu'il revêt est bien de rendre sacré ce que l'on offre à la divinité, c'est à dire séparé de soi-même et ce, quelle que puisse être la nature du don, une possession matérielle ou son existence même. Dans la vie de tous les jours, tout sacrifice quel qu'il soit est chez l'homme le fruit d'un détachement envers les biens de ce monde, une distance volontaire mise entre lui et le monde des apparences. Mais cet acte acquiert de plus une valeur mystique s'il est décidé en l'honneur d'une puissance divine car alors l'homme se livre à un échange. En se défaisant d'une chose de valeur considérable il reçoit en retour la faveur de l'esprit qu'il invoque, un bien spirituel qui accroît sa force personnelle. Ce qui confère à la démarche un caractère sacré est précisément cette dépendance dans laquelle se met l'homme envers la divinité. Elle lui fait prendre conscience d'un seul coup de la vanité qu'il y a à posséder des richesses terrestres, lui ouvrant les yeux vers un ailleurs que ses sens ne lui rendent pas. Le sacrifice est la manifestation la plus concrète et la plus tangible de ce sentiment éprouvé par l'homme face à l'inconnaissable, exprime le renoncement au monde de la terre par amour de la divinité. Tel est le sens pris par tous les sacrifices sanglants opérés dans de nombreuses religions.

La signification que les Grecs donnait à cet usage rend bien compte de son rôle dans la psychologie humaine. A l'origine, sa fonction était de commémorer la faute commise par Prométhée. En accomplissant ce rite, les hommes établissaient avec précision les relations entre eux et le monde divin. Selon la tradition, Prométhée, chargé de délimiter les domaines respectifs des dieux et des hommes en répartissant des parts de viande d'un animal abattu, triche en donnant aux premiers les os cachés sous de la graisse appétissante tandis qu'il réserve aux hommes la viande comestible placée sous de la peau peu engageante. Le roi des dieux réplique en punissant Prométhée et en contraignant les hommes à travailler dur pour obtenir leur nourriture. Par conséquent, toutes les fois qu'il sacrifie aux dieux, l'homme leur offre les os et la graisse qu'il fait brûler et garde pour lui la viande qu'il consomme. Ainsi consacre-t-il la distance infranchissable existant entre lui et la divinité dans la mesure où ce rite lui fait prendre conscience de sa condition. Son statut n'est pas celui des dieux et il lui faut sans cesse peiner pour se nourrir. La dépendance envers la divinité que consacre le sacrifice dans toutes les religions lui fait reconnaître la suprématie de celle-ci tout autant qu'il lui donne le sentiment de ses limites. Qu'il s'agisse des sacrifices opérés chez les Anciens, ceux en usage dans le monde hébraïque ou dans quelque autre religion, tous ont pour fonction de maintenir l'homme à la place qui lui est dévolue, celle définie entre l'animal et la sphère du divin. L'enseignement qui nous est ainsi insufflé est bien caractéristique de cette sagesse profondément humaine contenue en germe dans l'accomplissement de tous les rites quels qu'ils puissent être.

Valeur du rite et inconscience des hommes

On réalise que même des traditions que nous considérons aujourd'hui comme «barbares» peuvent avoir ce rôle d'ouverture de la conscience, ainsi les sacrifices d'êtres humains qui furent en honneur dans certaines civilisations et qui se justifiaient par une certaine conception du monde et de l'ordre divin. Notre culture, qui a la prétention d'être particulièrement aboutie, tend à délibérément condamner de telles pratiques, ne voulant voir en ces usages que l'assouvissement de pulsions instinctives et bestiales. Elle ne réalise pas que ces rites visent au contraire à enrichir la conscience en la reliant à un ordre dont elle tire toute sa force. Le but de ces actes était de faire en sorte que l'homme progresse dans la connaissance, celle qu'il peut avoir du monde où se joue son existence, et de la transmettre à ses descendants. Longtemps, l'homme eut le sentiment de la précarité de sa vie. Celle-ci était soumise à de tels aléas et la mort, provoquée par les famines, les maladies ou les guerres, si omniprésente qu'il accordait à son existence terrestre une importance toute relative. Il préférait donner plus de crédit aux réalités qui le dépassaient et dont sa conscience cherchait à percevoir la substance. Dans un tel contexte, on comprend que ce que nous nous tenons pour abject et sauvage n'était pour lui que des moyens d'améliorer ses contacts avec les forces cosmiques. Les sacrifices humains auxquels se livraient les aztèques sont un exemple caractéristique de cette mentalité et de ce désir de sécurité face aux incertitudes de l'univers. Les multiples catastrophes auxquelles la nature les soumettait étaient peu faites pour leur donner confiance en l'avenir. Sentant leur univers fragile et toujours menacé, ils se demandaient sans cesse si celui-ci n'allait pas disparaître à tout jamais. Pour tenter de remédier à une telle instabilité, pour que le soleil poursuive sa marche et que les ténèbres ne s'appesantissent pas sur le monde, il était indispensable qu'un homme donne son sang, symbole de vie, et se sacrifie pour assurer la pérennité du monde. Cet usage ne suscita qu'une totale incompréhension de la part des conquérants espagnols, l'opposition étant totale entre ces conceptions religieuses et la tradition chrétienne qui depuis longtemps avait sublimé la notion de sacrifice.

Pourtant, il serait bien opportun de savoir si le culte chrétien ne s'était pas lui-même rendu coupable de quelconque actions de sauvagerie au cours des âges. Une telle constatation serait pour nous occasion de réaliser pleinement ce que peut recouvrer le concept de «barbarie» et les valeurs sans cesse différentes que les hommes peuvent accorder à cette notion d'une civilisation à l'autre. A ce sujet, les persécutions perpétrées par l'inquisition suscitent à juste titre de notre part un sentiment de révolte. Aujourd'hui encore, l'horreur des génocides décidés par des nations dites civilisées envers certains groupes d'êtres humains l'emportent de très loin sur celle susceptible de caractériser pour nos mentalités modernes les sacrifices des anciens Mexicains. L'inconscience notoire dont témoignent ces actes s'oppose au caractère spirituel attaché aux rites sanguinaires qui, eux, sont des faits culturels bien précis. Les hommes sacrifiés sur les autels des dieux aztèques ne l'étaient pas en vain. L'obéissance à ces coutumes définissait un cadre de vie religieuse permettant à chacun de s'épanouir en toute sécurité. Finalement, chaque vie reste précaire et limité dans le temps. En faire offrande à la divinité est encore la meilleure manière de prendre une option sur notre vie future qui, elle, demeure éternelle.

Mais si le rite doit être compris moins dans son caractère extérieur que dans la signification qu'il revêt pour l'âme humaine, il peut toujours suivre une évolution en s'adaptant au changement des mentalités et des croyances. Ainsi, en dépit du rapport entretenu par le sacrifice pratiqué sous cette forme avec le monde surnaturel et de l'influence qu'il pouvait avoir dans le progrès de la civilisation, l'homme n'en a pas moins fini par prendre conscience de son aspect opposé au respect de la vie humaine. L'idée de sacrifier un être vivant quel qu'il soit finit même par susciter sa réprobation. Il en vint à renoncer à l'aspect sanguinaire de cette pratique pour ne plus donner à celle-ci qu'un rôle purement symbolique. Le christianisme devait consacrer cette évolution par le sacrement de l'Eucharistie. C'était le signe d'un changement radical qui voyait le rite considéré dans son aspect extérieur, celui du sang qui coule et attire l'attention, disparaître au profit d'une religion plus intériorisée par laquelle la morale, la charité et l'amour l'emportaient finalement sur toutes les pratiques rituelles. Une bonne fois pour toute le Christ s'était sacrifié en s'immolant sur la croix. Dés lors, les sacrifices sanglant n'avaient plus aucune raison d'être et à leur place leur fut substituée l'idée de représentation et de commémoration, cœur du culte chrétien et objet de la célébration de la messe. En y assistant et en pratiquant le rite de la communion, chaque fidèle faisait revivre en lui le sacrifice du Christ et vouait son existence à Dieu.

Expression de l'inconscient collectif

Sens du fantastique.

Plusieurs niveaux d'approches sont possibles dans l'appréhension de l'inconscient collectif. Le plus élémentaire est celui par lequel l'homme se laisse fasciner par tout ce qui relève du domaine fantastique.

Il arrive souvent que celui-ci fasse ressentir sa présence dans la genèse des cultures. Voués alors à l'inquiétude et à l'incertitude, les hommes tentaient de s'affirmer en imaginant des épopées au sein desquelles étaient narrés des événements extraordinaires décidés par la volonté divine et trame du merveilleux sous ses formes les plus diverses. Prodiges et magie y avaient cours et remettaient en cause l'ordre du monde en imposant une réalité sous-jacente aux apparences, étonnant par leur caractère universel. Le Moyen Age nous en donne un exemple avec sa littérature romanesque. On y voit des héros confrontés à des magiciens, luttant contre des monstres ou voyageant dans des pays féeriques. L'atmosphère de miracle partout répandue alors était propice au développement de ces récits. «Les mythes et les contes de fées de la littérature mondiale contiennent certains thèmes qui ressurgissent partout et toujours, traités en d'innombrables variantes»[17]. A ces époques, ils n'avaient pas encore acquis une solide confiance en leur propre raison pour pouvoir se passer de l'aide de ces puissances. Aussi avaient-ils besoin d'une relation avec ces dernières pour acquérir une meilleure compréhension du monde dont beaucoup d'aspects leur échappaient.

Mais par la suite, lorsqu'ils s'affranchirent de leur pouvoir et que leur civilisation eut évolué vers une connaissance plus rationnelle de la nature humaine, le fantastique n'en continua pas moins à séduire leur âme. Au sein de la littérature, il devint un genre indépendant en Europe dès le XVIIIe siècle. Malgré toute l'évolution accomplie par la culture humaine vers une compréhension plus raisonnable de l'univers, la fascination pour le surnaturel continuait à faire ressentir sa puissance sur les hommes. Ceux-ci avaient le désir de l'extérioriser afin d'élargir la vision du monde dans lequel ils vivaient. Nous immerger dans le fantastique enrichit notre connaissance de l'univers et palie au regard étroit que nous avons tendance à lui porter. Même si l'homme a privilégié les ressources de son intellect pour améliorer ses conditions de vie et négligé tout ce qui n'était pas en conformité avec les critères reconnus par sa raison, des forces demeuraient présentes en lui et continuaient à exercer leur influence sur sa personne. C'est pour y satisfaire qu'il a ménagé une place au fantastique dans son œuvre créatrice.

Le genre fantastique a trait à tout ce qui est contraire à la réalité telle que nous la font percevoir nos sens. En faisant appel à la magie et au surnaturel, il exprime l'irruption du mystère et de l'irrationnel au sein du monde visible. En nous incitant à dépasser les apparences, il tente de nous faire entrevoir l'envers de la réalité, exploite la peur que tout être humain peut éprouver et joue sur notre sensibilité. Sa fonction apparaît alors qui est de nous faire prendre conscience de tout ce que l'homme a refoulé en lui au fur et à mesure qu'il édifiait sa civilisation, soit de nous frapper violemment de telle sorte que l'on se sente forcé de remettre en question le caractère définitif accordé à notre existence. Ainsi nous aide-t-il à mieux intégrer notre inconscient en nous donnant une connaissance plus naturelle et plus essentielle de l'univers, en exprimant de la façon la plus pure et la plus simple tous les symboles de l'imaginaire humain. Plus l'environnement dans lequel il est présent est décrit de façon réelle et authentique, plus grand est son pouvoir de fascination car il se manifeste dans le monde familier de chacun. L'utilisation de pouvoirs surnaturels, la force du rêve, le sens du merveilleux envahissent le réel de telle sorte que l'on puisse y croire et les sentir vrai.

Ce rôle de représentation de notre inconscient conféré au fantastique a bien été senti voici un siècle par Jules Verne. L'écrivain, dans ses romans, s'est attaché à montrer l'homme confronté à un univers dont la magnificence et le gigantisme étaient faits au mieux pour donner une image aussi appropriée que possible de notre monde intérieur. Ses voyages extraordinaires ont été pour lui l'occasion de présenter des êtres mis de plain-pied au sein d'un monde qui les dépassait et qu'ils tentaient d'appréhender. Ainsi en fut-il dans *Vingt mille lieues sous les mers* où les voyageurs accompagnant le capitaine Nemo dans son nautilus furent subitement mis en face de toutes les merveilles recelées par le monde marin. L'idée apparaît avec plus de force encore dans *Voyage au centre de la terre*, les nombreuses richesses à la fois magnifiques et inquiétantes rencontrées par les personnages dans les entrailles de notre planète pouvant bien être l'image du monde obscur et immense qui gît en notre personne. Par son don d'anticipation et sa volonté de nous faire entrevoir les possibilités immenses offertes par la science, l'écrivain a voulu réconcilier cette dernière avec nous-mêmes en faisant en sorte qu'elle contribue à satisfaire les exigences de notre âme. Toutes les images s'imposant aux héros sont autant de visions proposées à nos rêves destinées à approfondir notre compréhension de la nature. La diversité que nous dévoile celle-ci sous l'inspiration du romancier se projette en nous dans la mesure où elle reflète celle de notre inconscient, et au-delà, de notre propre nature.

Ce caractère étrange et irrationnel que l'auteur s'est attaché à rendre dans la description des milieux proposés à notre attention trouve à s'exprimer d'une manière beaucoup plus simple dans une figure très caractéristique. Parmi les nombreuses images qui s'imposent à notre esprit, il en est une en effet qui symbolise à elle seule toutes les manifestations de ce monde immense qu'est l'inconscient, celle qui a trait au monstre.

De nos jours, la simple évocation du monstre suggère en nous l'idée de démesure, d'horreur et de barbarie, donnant l'image d'une créature dont l'apparence dépasse de beaucoup ce que permettent les normes de la raison humaine. Issu des récits fabuleux de l'univers mythologique, il est affronté par le héros, lequel exerce sur nous sa séduction dans la mesure où son combat est l'image de l'éternelle lutte engagée par l'être humain contre lui-même. S'il veut triompher, le héros se doit de surmonter de formidables obstacles qui s'imposent à lui sous l'apparence de créatures monstrueuses dont il lui faut venir à bout. La mythologie grecque nous offre maints exemples de ces dernières: gorgone, chimère, hydre tous êtres fantastiques symbolisant chacun une défaillance humaine particulière. Mi-homme mi- taureau, le Minotaure est, à l'instar du centaure, le symbole de la bestialité qui s'empare de l'homme lorsqu'il renonce à sa dignité et connaît la dégénérescence. Chacun de ces monstres est la représentation imagée d'un désir pervers auquel cède parfois l'être humain et que l'âme tente de transcender. Les trésors dont ils sont souvent les gardiens représentent les richesses spirituelles qui sont notre lot lorsqu'on est parvenu à dépasser nos penchants les plus destructeurs.

Ces êtres fabuleux présents dans les mythes religieux ont leurs émules dans les récits relevant de l'extraordinaire engendrés par l'imagination humaine et corps de la littérature fantastique. On y voit en général un personnage confronté à une créature incarnant un aspect morbide de son inconscient qu'il lui faut exhumer pour pouvoir mieux le contrôler. C'est une partie de lui-même qui représente l'envers de sa personne et qu'il ne doit pas méconnaître. L'une de ces images est le fantôme, incarnation de la puissance exercée par le passé sur l'âme de chacun et du danger qu'il fait courir à l'évolution de sa personnalité. C'est par exemple le remords obsédant éprouvé par un être qui a fait du mal à un proche qui depuis lors ne cesse de le hanter. Un autre cas est celui du vampire, représentation du complexe de persécution. Au lieu de s'assumer pleinement, celui qui en est victime préfère attribuer ses ennuis à l'action perverse menée contre lui par des membres de son entourage, persuadé que, tel des mort-vivants lui prenant son sang, ils le volent à lui-même en lui prenant insidieusement sa vie. Tout le monde connaît enfin le monstre laid et difforme créé par le docteur Frankenstein et dont l'apparence hideuse n'a d'autre justification que de montrer l'homme prométhéen tentant de s'élever jusqu'à Dieu. Dans les romans de science-fiction de notre temps, il arrive que l'extra-terrestre détienne un rôle similaire. Toutes les représentations le décrivant comme un être mystérieux et inquiétant ne visent qu'à être des images de problèmes particuliers à la société contemporaine. Ces êtres représentent par conséquent les pulsions et la démesure auxquelles l'homme est en proie quand il use de sa liberté en dépit du bon sens. Les cavernes, grottes et châteaux qui sont d'ordinaire leur lieu d'habitation sont autant de symboles vivant de ce fond obscur qu'est l'inconscient.

Pourtant, quel que puisse être le côté pervers que l'on attribue à ces figures on aurait tort de considérer le monstre de manière exclusivement négative. En effet, si l'on s'en tenait à cette seule vision, comme ce fut bien souvent le cas en Occident, on courrait le risque d'accroître en nous le sentiment de peur suscité par la présence du mal et d'adopter vis à vis de celui-ci une attitude de rejet systématique au lieu de le voir en face et de le canaliser pour le plus grand profit de chacun. Pour éviter ce travers, il est intéressant de se pencher sur le sens que les latins donnaient autrefois au terme. *Monstre* définissait pour eux non une chose horrible mais simplement un prodige, toute réalité, tout fait ayant un caractère exceptionnel le distinguant de ce qui est commun et habituel. Si l'on opte pour cette conception, on verra qu'il est plus conforme à notre nature de dépasser la fascination maléfique exercée par le monstre sur nos mentalités pour y voir à la place un être dans lequel se condensent les forces les plus diverses, bonnes ou mauvaises, propres à lui donner une signification plus large et un aspect plus neutre.

Précisément, cette valeur conférée au monstre est celle que les Chinois ont attribuée au dragon, âme de leur pays. La différence des sens revêtus par l'animal mythologique en Orient et en Occident est à ce titre fort éloquente. Dans la civilisation chrétienne l'on a coutume de voir en lui l'incarnation du diable ennemi du bien. Tel n'est pas le cas en Chine où il est simplement perçu comme le symbole de la nature. Bien plutôt qu'une image du mal, le dragon est dans l'empire du Milieu placé sous le signe de la puissance, celle qui émane de l'univers ambiant. Ni bon ni mauvais, il incarne un pouvoir redoutable qui peut se manifester contre les hommes, mais que ceux-ci peuvent se concilier pour peu qu'ils sachent le respecter. Qu'un animal fabuleux au lieu d'un animal réel puisse représenter la nature est une manière de reconnaître à celle-ci une puissance en face de laquelle l'homme ne peut que s'incliner tant son pouvoir à lui semble en comparaison dérisoire. Le caractère délibérément fantastique qu'elle acquiert par ce symbole est fait pour inspirer à tous un sentiment de terreur et de respect dans lequel la seule attitude possible est l'humilité. « Ces images n'auraient pas été forgées, ces monstres n'auraient pas servi d'expressions symboliques si cela ne répondait en nous à quelque besoin [...]. Seul un animal particulièrement compliqué et irréel pouvait exprimer, semble-t-il, un élément psychique étranger lui aussi à la réalité concrète »[18]. L'apparence extraordinaire et démesurée qui est celle du dragon suggère le caractère inquiétant, mystérieux et puissant de l'inconscient, les prodigieuses richesses que celui-ci révèle pouvant influer sur l'action humaine en bien comme en mal.

C'est une idée que la Bible a tenté d'exprimer en nous contant l'histoire de Jonas. De retour d'un voyage lointain, celui-ci fut brutalement jeté à la mer et avalé par une baleine, pour en ressortir enrichi d'une connaissance nouvelle. Si l'on assimile la baleine au monstre symbole de l'inconscient, il découle de cette aventure qu'à l'exemple de Jonas, chaque homme doit avoir le courage de se voir tel qu'il est dans toute sa réalité. Il lui faut non se fuir mais se considérer en son entier, porter un regard en son âme. Il doit se tourner vers ce qui est dans sa personne mystérieux et incompréhensible de façon à avoir une meilleure conscience de ses déficiences et renaître transfiguré. Dans toutes les crises que l'homme a à connaître dans sa vie, il se montre faible s'il choisit de se réfugier dans de confortables *a priori*, commodes alibis lui masquant sa vérité sur lui-même. Il lui incombe d'« affronter le dragon », autrement dit de faire face à celui que symbolisent les difficultés qu'il est appelé à rencontrer, combat qui aura nécessairement pour préalable une volonté d'appréhender le propre monstre qui gît en lui. Tel le prophète de l'Ancien Testament, ce n'est qu'en se plongeant dans les ténèbres de son âme que l'on trouvera un jour la lumière.

Le monde de l'art

Au-delà même du fantastique, l'art lui-même prend ses représentations à la même source. Les plus nobles créations qu'il ait été donné à l'homme de concevoir dans ce domaine tirent leur génie et leur éternité de ce fond primordial et commun à toutes l'humanité, alors même qu'elles ont coupé tous liens apparents avec le surnaturel. Le fantastique se contentait de provoquer en nous une prise de conscience, de nous frapper soudainement en imposant à notre perception du monde des images brutes directement issues de l'inconscient collectif. A un autre niveau, l'art soulève la dalle et reprend ces mêmes images pour les soumettre à l'analyse critique de l'entendement humain. Repensés par la raison, tous les symboles de notre imaginaire acquièrent une crédibilité indiscutable en s'intégrant à notre réalité quotidienne.

Ainsi est-ce la fonction de l'art de faire en sorte que toutes les images de notre inconscient parviennent à la conscience et remplissent leur rôle dans son enrichissement. Leur caractère universel se justifie dans la récurrence avec laquelle elles apparaissent dans les œuvres culturelles. L'art a toujours véhiculé les valeurs éternelles de l'humanité et l'influence que ces dernières exercent sur la vie en société est issue des symboles que nous renvoie l'inconscient collectif. L'artiste use de son imagination et de ses sentiments pour donner une vision des profondeurs de l'âme humaine et exprimer les pensées qui ont toujours fait la grandeur de l'homme. « L'art [...] a toujours été fécondé par le mythe, c'est-à-dire par ce processus symbolique inconscient, qui se perpétue à travers les éternités et qui, manifestation la plus originelle de l'esprit humain, est aussi la racine de la création future »[19].

Depuis longtemps l'homme avait pris conscience de ce rôle éminent détenu par l'art à l'intérieur de lui-même car il lui avait conféré une dimension sacrée en en faisant un moyen d'accès à la divinité. Le montre bien l'importance que les Grecs accordaient aux poètes dans l'imaginaire de leur religion. La représentation qu'ils avaient de leurs dieux leur était donnée par la poésie et l'on estimait alors que les mots transmis par les poètes leur venaient directement de la divinité. Ne disant rien d'eux-mêmes, ils laissaient parler la muse. Censés dire la vérité en célébrant les immortels et les exploits des héros, ils donnaient à la parole poétique une valeur religieuse importante dans la mesure où son rôle était d'expliquer la réalité divine. C'est une qualité que la poésie a toujours détenue, celle de reprendre et de prolonger le mythe, et ainsi d'abolir le temps. Jung en prend acte lorsqu'il affirme que le poète « puise [...] directement dans l'expérience originelle, dont l'obscure nature nécessite les figures mythologiques »[20]. Le passé n'existe pas pour lui car le monde est un éternel recommencement dans lequel tous les temps se confondent. Toujours prophète, la dimension mythique à laquelle il atteint lui permet aussi de prévoir l'avenir et, tout comme jadis son émule grec, de se comporter en devin.

Cette relation existant entre la littérature et l'univers symbolique ne fait que caractériser le rôle essentiel rempli par l'art dans la transmission d'un héritage culturel, fruit des images primordiales présentes en l'âme humaine. Le rapport que les poètes entretenaient autrefois avec la divinité est bien la preuve que l'art a pour objet de descendre à l'intérieur de l'homme afin de montrer ce à quoi il tend, son idéal, ses préoccupations et ses limites, toutes les aspirations qui le guident dans son désir d'absolu. Le dialogue établi avec les dieux vise à poser les questions essentielles sur son âme et sur sa destinée. Même devenu profane, l'art a toujours puisé ses sources dans ce fond très ancien de l'humanité. Au-delà des situations propres aux époques ou à la singularité des individus, on réalise que les œuvres qui ont survécu à leur temps sont celles qui, dépassant le contexte uniquement propre à leur environnement, sont parvenues à dépeindre l'homme dans son éternité, à lui donner une image de lui-même issue du monde immense de son inconscient.

C'est lorsque l'art arrive à ses plus hauts sommets que s'affirment avec force ces visions. Chaque culture a connu dans son histoire un moment particulier et très bref où son génie avait su s'élever à des hauteurs non encore atteintes jusque là. Aux œuvres de ces époques privilégiées, on a coutume de donner le nom d'art classique, celui qui s'épanouit en un temps où la culture humaine a tenté de rendre la perfection dans un absolu dépouillement. Précisément, le classicisme se caractérise par une volonté d'exprimer un maximum d'idées en usant d'un minimum de moyens. La profondeur de pensée qu'il retransmet doit s'affirmer dans la plus extrême simplicité, celle des lignes et des couleurs dans l'art figuratif, celle du vocabulaire dans la littérature, dépeignant la personnalité de l'homme dans la meilleure sobriété d'expression. Il faut représenter ce qui existe en l'homme de plus profond, de plus authentique et de plus naturel, éliminer ce qui demeure chez lui passager et seulement circonstanciel pour ne retenir que ce qui est éternel, l'essence même de la nature humaine. Ce caractère intangible de l'homme ainsi décrit ne peut qu'avoir pour origine des images lui venant du fond des âges. La clarté à laquelle on aboutit alors rend limpide et lumineux un message spirituel de tous les temps.

En témoigne une culture aussi achevée que celle qui fit le renom de la France au XVIIe siècle. Le degré de maturité auquel elle est parvenue provient de la pureté originelle de l'homme qu'elle a su rendre. Telle est la grandeur à laquelle atteint le classicisme, celui qui s'épanouit au Grand Siècle, dépeignant l'homme dans sa noblesse et sa dignité, et ce dans les plus strictes limites de la vie réelle. A l'écart de tout sens du merveilleux, il eut pour seul objet de montrer la psychologie humaine et toutes ses facettes. Les artistes et écrivains du XVIIe siècle ont étudié les tendances permanentes des caractères humains et abordé les questions fondamentales dont dépendait la vie sur terre. Ainsi se sont-ils dégagés de l'actualité et des réalités historiques pour atteindre à l'universel. C'est en ce sens que leurs œuvres ont acquis leur dimension mythique. Cet amour de la vérité et de ce qui est permanent fut le guide des créateurs d'alors et l'on pourrait citer maints exemples dans les arts de leur temps.

Racine en fit état dans son œuvre. L'une de ses pièces, Mithridate, évoque un conflit entre un père et un fils. Bien que l'on ne saurait voir leur dialogue tenu dans la réalité, tous les pères et tous les fils ne s'en reconnaîtraient pas moins dans les paroles échangées car elles expriment l'essence même du heurt des générations quelles que soient les époques. C'est ainsi qu'en montrant des types caractéristiques qui se retrouvent à chaque période, les auteurs classiques se rattachent aux mythes universels de l'humanité, symboles qu'ils ont su amener à un haut degré de conscience sous l'égide de la seule raison humaine.

A travers le classicisme, on perçoit que ce qui nous touche au plus profond de nous-mêmes, quand nous contemplons une œuvre d'art particulièrement remarquable et quand nous comprenons pourquoi nous sommes en présence d'un chef d'œuvre, est ce degré de puissance symbolique qu'elle a su atteindre. En admirant ces œuvres, on réalise alors que le sens le plus important que les artistes ont eu de tout temps pour mission de transmettre ne peut être que le sens du sacré, en vertu de quoi toutes les grandes œuvres d'art ont nécessairement une connotation religieuse. La foi soulève les montagnes et permet de générer les créations les plus grandioses et les plus éternelles dans la mesure où le créateur a su puiser au fond de lui-même toutes les idées qui lui ont permis de dépasser l'humain.

Expression de la religion

Précisément, le niveau le plus profond nous faisant appréhender notre inconscient collectif n'est atteint qu'avec la religion. Elle seule nous permet de vivre de la façon la plus authentique et la plus directe tous les mythes issus de l'expérience humaine. Par là même, on observe l'intime parenté qui la lie avec le domaine fantastique puisque toutes les croyances qui font l'objet de notre vie spirituelle entretiennent d'étroites relations avec le surnaturel. Tout comme le fantastique, la religion fait appel en nous à des puissances se plaçant au-delà de l'intellect. Cette tendance est traduite avec la plus grande perfection par le biais de l'art sacré.

Pour faciliter leur relation avec l'invisible, les hommes ont souvent tenté de l'exprimer par le moyen des images. Ainsi voyaient-ils dans l'art la meilleure manière de favoriser une connaissance censée améliorer leur contact avec le divin. L'art sacré est né de cette volonté. Les thèmes spirituels qu'il avait pour mission d'évoquer devaient être retranscrits sous la contrainte de règles strictes et précises ayant pour seule finalité une rigoureuse adaptation à la symbolique religieuse. Toutes ces conventions, dont l'objet était de toucher l'âme du croyant, devaient absolument différer de celles régissant les autres formes d'art dans la mesure où elles visaient à inspirer à celui regardant l'œuvre un sentiment d'extase sans rapports aucun avec les choses demeurées profanes. A cette fin, elles tournaient le dos à la réalité telle qu'elle apparaît ici-bas, tendaient à nier tout ce qui demeure matériel et rationnel pour susciter dans l'esprit de l'homme un trouble apte à lui faire entrevoir l'éternité. Tel fut le but de l'art chrétien roman et byzantin, de l'art des icônes et, de façon générale, de tout l'art des civilisations orientales, tous ayant pour vocation de véhiculer le sacré. Cela, Jung l'avait vécu lors des différents voyages qui lui firent connaître le monde, ainsi en Inde où il fut émerveillé par la richesse symbolique des reliquaires bouddhiques, les stûpas: «Les stûpas de Sânchî sont restés pour moi inoubliable : ils m'empoignèrent avec une force inattendue et éveillèrent en moi l'émotion qui naît d'ordinaire quand je découvre une chose, une personne, une idée dont la signification me reste encore inconsciente »[21]. Plus tard, sa visite à Ravenne du monument de Galla Placidia fut pour lui la source d'une expérience religieuse indescriptible provoquée par des visions qui le laissèrent absolument bouleversé. Toutes ces créations avaient pour mission d'insuffler à l'homme le sentiment du surnaturel, ce en créant des formes se plaçant bien au-delà du monde des apparences. Les icônes russes, négligeant de représenter la troisième dimension, indifférents à l'égard de l'échelle dans les rapports entre personnages et édifices, décidant des couleurs les plus arbitraires, avaient pour idée de susciter chez l'individu un sentiment particulier visant à abolir le temps et l'espace. L'art indien et toute sa symbolique, ses divinités pourvues de plusieurs têtes ou de plusieurs bras, tentait de susciter chez l'adorant une émotion le mettant hors du monde réel. L'ensemble de ces créations était supposé faire appel à l'intuition du sacré présente en chaque être humain, de toucher l'inconscient du croyant directement et sans passer même par l'intermédiaire de la conscience. La raison humaine et sa capacité de réflexion n'avaient là aucune part à jouer et l'esprit humain se voyait sollicité de façon purement spontanée.

Pour autant, il n'en existe pas moins une réelle ambiguïté quant au rôle tenu par l'image dans la psychologie humaine et l'art sacré a souvent eu des détracteurs ne voyant en lui qu'un voile trompeur. Si l'image a un pouvoir de direction dans notre quête de la vérité, elle a aussi été accusée de cacher cette vérité, tendance qui a pu justifier tous les mouvements à caractère iconoclaste ayant sévis au cours de l'Histoire. Il peut effectivement arriver que l'image sacrée soit adorée en tant que telle, une attitude inhérente aux pratiques superstitieuses, ce qui fait d'elle une simple idole, un objet censé exercer un pouvoir par lui-même et imposant son emprise à l'âme de l'individu. Celui-ci est alors voué à la dépendance connue par l'esprit qui s'est laissé subjuguer par une force dont il n'est plus maître, qui l'a assujetti à une puissance terrestre et empêché sa relation avec l'invisible. Pour éviter cette déviation, il faut que l'art sacré s'en tienne à une situation intermédiaire en proposant des supports susceptibles de permettre à l'homme de méditer sur les choses le dépassant et, qu'au lieu de la domination dont il est menacé, il retire de ces images une énergie nouvelle propre à le faire rajeunir. Pour chacun, celles-ci doivent être simplement l'occasion d'une rencontre, demeurer un moyen et non une fin à laquelle serait sacrifié tout le dynamisme de l'âme.

Là s'affirme le rapport entre la religion et tout ce qui relève de l'extraordinaire. Le fond doré apparaissant dans les mosaïques byzantines ou les icônes russes n'a pas d'autre objet que de nous suggérer l'existence d'un monde surnaturel, l'or n'étant pas une couleur qu'il nous est donné de contempler dans la nature. Mais la vie religieuse va bien au-delà de la fascination humaine pour le fantastique. Si ce dernier se contentait de nous faire prendre conscience des réalités que nous avons refoulées, la religion va plus loin en nous proposant une restructuration de notre personne et une nouvelle vision de l'humanité. Sa finalité est de nous transmettre une image particulièrement aboutie de l'homme en mettant bien en valeur tout ce qui peut justifier son existence en ce monde et en le présentant comme un être relié à toutes les forces de l'univers. Longtemps les rites ont été seuls à lui permettre de satisfaire ces besoins. Mais lorsqu'elle arrive à son degré d'expression le plus achevé, la réponse que propose la religion aux aspirations humaines apparaît sous la forme d'un dogme.

Le rôle de celui-ci, et la religion chrétienne en offre le plus brillant exemple, est de sous-tendre les rites en leur donnant une justification assurant une compréhension plus profonde de leur efficacité. Les idées qu'il exprime passent pour être issues d'une révélation surnaturelle, se présentent comme la manifestation des mystères cachés auxquels l'intelligence ne peut parvenir par ses seules forces et qui restent insaisissables à la raison. Témoignant d'un progrès incontestable de la conscience, le dogme tire son origine de la tension spirituelle connue par certains hommes à différents âges de l'Histoire. Il « doit son existence et sa forme d'une part à des expériences immédiates, dites révélées [...] et d'autre part, à l'incessante collaboration d'innombrables esprits et de nombreux siècles »[22]. « Un dogme est toujours le produit et le fruit de nombreux esprits et de nombreux siècles, purifié de toutes les bizarreries, insuffisances et perturbations de l'expérience individuelle »[23]. A partir de là, il s'est fixé dans des textes qui ont servi de fondement à des traditions, base de la religion et de la spiritualité des croyants. Fruit de la volonté humaine dans sa recherche de l'absolu, le dogme assure l'unité de la personne car il ordonne l'ensemble des mythes de façon à les faire œuvrer au mystère de la vie. Son objet est de proposer une vérité aux aspirations des fidèles de façon à ce qu'ils puissent mieux se définir par rapport à l'univers. Ainsi permet-il une meilleure connaissance de leur âme en visant à un enrichissement de sa vie surnaturelle. Tout comme les rites, il suppose une disponibilité de leur part pour permettre une plus grande ouverture au message divin. Dépendant des époques et de la manière forcément imparfaite avec laquelle il s'est exprimé, il n'a pas en lui-même de valeur absolue mais se contente simplement de suggérer la connaissance divine au croyant de telle sorte qu'il puisse par lui-même trouver la vérité et conquérir son autonomie. Certes, affirmé de façon trop catégorique, il peut déshumaniser l'individu en le privant de tout libre arbitre. Le dogmatisme pris dans son sens le plus strict n'est qu'une abstraction froide et impersonnelle, coupée de toute vie réelle. L'être humain qui s'y réfère constamment risque de perdre la substance de son individualité. Sa profondeur est fonction de l'effort entrepris par l'homme pour mieux s'appréhender dans sa vie intérieure et viser à la perfection. Allant plus loin que le rite, le dogme permet à l'être humain de mieux se saisir dans sa dépendance à l'égard du sacré et nécessite de sa part un effort de dépassement dans une dimension illimitée donnée à son existence.

Liens avec l'univers

L'homme, un être relié

Le sens universel revêtu par la religion nous est fourni par l'étymologie du terme. Celle-ci nous renseigne sur la fonction qu'elle remplit au sein de notre âme. Religion vient du mot latin *religare*, soit relier. Nous prenons alors conscience d'un aspect fondamental de la nature humaine, celui qui fait de l'homme un être qui ne saurait se caractériser par son isolement. Non coupé des réalités de son univers, il apparaît avant tout comme un être en relation.

Cet état qui le définit se vérifie en premier lieu dans tout ce à quoi il est engagé dans le monde d'ici-bas. S'il se repliait sur lui-même, et se fermait aux contacts extérieurs, il pourrait connaître la surestimation de soi. Tissu de relations humaines, son bonheur ou son malheur sont dépendants des liens qu'il a établis avec son semblable. Le rapport avec celui-ci ne peut que lui donner une meilleure conscience de sa personnalité et de sa valeur. Le lien avec les choses, les objets, le rapport affectif qu'il a avec eux est aussi partie intégrante de sa nature, une idée que Jung a toujours défendue.

Ce qui doit orienter notre action envers notre environnement doit aussi guider notre âme dans ses relations avec l'infini. Par-delà notre désir d'être relié aux autres hommes, on doit se sentir reliés à tout l'univers, à la nature, au cosmos. C'est précisément les images issues de notre inconscient collectif qui peuvent nous le permettre. Tel est le sens profond de toute spiritualité humaine et l'un des fondements de l'œuvre du psychologue zurichois. De tous les vivants, l'homme est celui qui a la vocation la plus large à s'ouvrir sur ce qui lui est extérieur et à en recevoir en retour force et volonté de vivre. S'il s'y refuse, il s'étiole et cesse d'exister. Pour compenser son isolement au sein de la nature, il a reçu de son inconscient des messages lui permettant de tisser des liens avec son environnement de telle sorte qu'il se sente intimement lié à l'univers, puisse connaître stabilité, sérénité et sécurité. Tel était le rôle rempli par le sacré, soit mettre en relation l'esprit humain avec l'illimité. Les récits mythiques qui en forment la trame ont pour tâche de relater les rencontres entre les hommes et les dieux, de raconter les faits et gestes des divinités dans ses rapports avec l'homme depuis le commencement du monde.

Parmi tous les symboles issus de notre imaginaire, celui qui caractérise le plus la relation entretenue par l'homme avec l'univers, tant terrestre que céleste, est celui de la croix. Le christianisme a certes élevé celle-ci à une très haute dignité. Mais bien avant lui les hommes avaient relevé son caractère universel, car la croix permet de situer l'être humain par rapport à l'espace en le reliant aux quatre points cardinaux.

Lié à ce symbole, le chiffre quatre prend une signification toute particulière dans la psychologie humaine et c'est à juste titre qu'il a pu être mis en valeur par Jung. Quatre symbolise la totalité du monde créé, souvent représenté par un carré dans les différentes mythologies. Le chiffre, du reste, revient souvent dans la représentation que l'homme se fait du monde : celui-ci comporte quatre horizons, il existe quatre vents, quatre éléments, quatre saisons, quatre phases de la Lune. Autrefois, tel empereur tout puissant était supposé régner sur les quatre parties du monde. Le chiffre quatre permet à l'être humain de se repérer au sein de son environnement et d'être plus conscient de sa situation sur la terre. L'homme considère la course du soleil d'Est en Ouest, ajoute une autre ligne, celle qui traverse du Nord au Sud la direction suivie par l'astre du jour, et se sent alors pleinement ancré dans la réalité du monde naturel. La croix le relie aussi au monde céleste car mise verticale sa fonction est de mettre en contact le monde d'ici-bas avec les forces du Ciel. De la sorte, l'homme est par la croix relié à la totalité du cosmos. « La totalité idéale est le rond, le cercle, mais sa division naturelle minimale est le « quatre » »[24].

Rôle de la médiation.

Pourtant, dans sa quête de l'absolu l'homme éprouve toujours des difficultés tant elle exige de sa part force et valeur personnelle. Dans son élévation spirituelle, il rencontre nécessairement des troubles et il lui faut avancer lentement sur le chemin de la perfection. Sentant sa faiblesse dans sa grande vulnérabilité, il doit s'efforcer d'élever son âme en ménageant des étapes successives. C'est la fonction du sacré de lui offrir les moyens culturels les plus variés propres à le sécuriser et à assurer au mieux la permanence de sa vie spirituelle. La vitalité d'une religion s'exprime par la diversité des traditions qu'elle met à la disposition de l'homme pour le relier au monde invisible et satisfaire ses exigences intérieures. Sur ce point, rien n'est aussi éloquent que la différence existant au sein du christianisme entre la foi catholique et la foi protestante. Le culte romain a fourni au croyant tout un ensemble de rites et d'usages donnant satisfactions à ses aspirations personnelles, lui permettant d'assumer sa vie spirituelle et de prendre en main sa nature religieuse. Le mérite des bonnes œuvres, le culte des saints, celui des images sont autant de pratiques par lesquelles il pouvait trouver son salut. Le but de la religion catholique est de promouvoir tous les moyens permettant au fidèle de vivre sa foi et de s'élever vers Dieu de telle sorte que son activité en soit transformée dans le sens du bien et de la vérité. A cette fin sera déployé devant lui tout le rituel apte à éveiller en son âme les forces irrationnelles qui y sommeillent et en comparaison duquel le culte protestant montre une indigence certaine. «L'Église catholique dispose de moyens qui depuis toujours ont servi à saisir et à exprimer en symboles même les énergies pulsionnelles inférieures de l'âme, et donc à les intégrer à la hiérarchie de l'esprit. L'homme d'Église protestant, lui, est dépourvu de ces moyens, et c'est pourquoi souvent il ne sait que faire en présence de certaines données de la nature humaine qui ne veulent se plier à quoi que ce soit »[25].

L'exemple de l'Église romaine nous fait percevoir un aspect essentiel de la spiritualité humaine. Ayant toujours eu conscience qu'existait une puissance supérieure dont tout relevait, source de toute chose et Essence absolu, l'homme s'est senti incapable, de par sa nature, de communier avec elle directement. Aussi a-t-il imaginé des puissances intermédiaires propres à faire le lien entre lui et le Ciel, lui permettant de cheminer plus facilement dans sa quête personnelle. C'est là que toute vie spirituelle acquiert sa pleine signification et que prend sa force la richesse du monde mythique. Le sentiment du sacré montre à l'homme sa valeur dans la mesure où sa fonction est une fonction de médiation. Celle-ci consiste à lui faire sentir la présence divine qui l'habite et à guider son âme dans le long cheminement vers son apothéose personnelle.

Dans toute l'Histoire de l'humanité, on relève effectivement la présence de médiateurs usant de leur influence pour rapprocher deux partis antagonistes. Dans l'Ancien Testament, lorsque Saül s'oppose à David, c'est Jonathan le fils de Saül qui s'efforce de réconcilier les deux ennemis. Les relations humaines offrent maints exemples d'initiatives prises par des personnes qui tentent de s'entremettre entre deux êtres en conflit avec qui elle entretient des relations d'amitié. Il n'en va pas autrement au sein de la vie religieuse où l'homme doit pouvoir compter sur l'aide d'instances intermédiaires pour l'aider à combler ses plus hautes aspirations. Au sein des religions polythéistes, les nombreuses divinités pouvaient jouer ce rôle Chacune avait une spécialité lui permettant de satisfaire tous les besoins de l'âme humaine. Hormis les initiés à qui seuls il était donné d'accéder à la connaissance de l'Etre suprême, la religion populaire donnait à l'individu un aliment à ses aspirations les plus simples en lui donnant la possibilité d'adorer l'une ou l'autre de ces puissances.

Le monothéisme, s'il a généralisé la croyance en un Dieu unique, n'a pas aboli, tant s'en faut, toutes les forces spirituelles s'interposant entre Lui et Sa créature et qui permettait d'amener celle-ci à sa pleine maturité. Dans le christianisme, il n'existe qu'un seul médiateur entre l'homme et le Très-haut, le Christ. Cela ne signifie pas pour autant que le Sauveur n'ait pas considéré qu'il pouvait exister des hommes capables de donner un prolongement à ses Actes. Aussi, à sa suite certains êtres ont mérité l'appellation de saints en intercédant pour les fidèles auprès de la divinité. Par leur caractère humain et proche de nous, par leur humilité, leur rôle était de faciliter l'accès du croyant à la miséricorde de Dieu. C'est le culte des saints si cher à l'esprit médiéval. Si ces personnages ont tant suscité la fascination et l'adoration des fidèles c'est parce qu'ils leur proposaient des exemples incitatifs autorisant à une meilleure perception du divin. Quel que puisse être leur caractère historique, leur vie offrait maints exemples d'édification. Par tous les miracles, les actes et la haute vertu qu'on leur prêtait, ils réactivaient en nous tous les symboles faisant le fond de notre vie spirituelle. Les récits de leur existence éveillaient l'âme de celui qui les écoutait et étaient source d'un approfondissement de sa vie intérieure. Si de nos jours, on a coutume de ne célébrer que la date anniversaire de sa naissance, il en allait autrement jadis où la fête du saint patron, dont chacun était tenu de connaître l'histoire, revêtait une importance plus grande.

Aux médiateurs célestes rendant moins ardu le passage de la terre au Ciel devaient correspondre des médiateurs terrestres ayant pour devoir de préparer les âmes à ce voyage. Ainsi existe-t-il dans le monde d'ici-bas une catégorie d'hommes ayant été instruits dans le but de remplir cette vocation d'intermédiaire entre les hommes et la divinité. De par leurs connaissances, ils sont aptes à guider le croyant et à l'aider à mieux appréhender l'invisible. Tel est le rôle dévolu au sacerdoce exercé par le prêtre. Dans toutes les religions et toutes les civilisations, de l'Antiquité à nos jours, celui-ci a toujours eu pour fonction officielle d'établir ou de maintenir le contact entre le sacré et la communauté. Le prêtre a un statut de médiateur en ce sens qu'il assume un rôle central en matière de rites et défend la fidélité à la tradition religieuse. Sa relation avec la puissance surnaturelle dépend de ce rituel dont la connaissance est pour lui essentielle. Il représente les hommes devant la divinité, assure la conservation des mythes et de la tradition, unit le divin et l'humain. Ce rôle d'intermédiaire qui lui est reconnu lui confère un pouvoir tendant à rendre plus facile au profane la relation avec le divin puisque la possibilité lui est donnée de se reposer sur le prêtre pour mieux communier avec l'inconnaissable. Par les rites, fond du sacerdoce exercé par le spécialiste du sacré, toutes les puissances présentes dans le substrat inconscient de l'être humain ont l'occasion d'être canalisées pour le plus grand profit de sa personnalité.

La religion catholique n'obéit pas à d'autres lois puisque, conformément aux décisions du concile de Trente, le prêtre se place au-dessus des paroissiens en tant que modèle intermédiaire entre Dieu et les hommes. Son ordination lui a insufflé un don particulier de l'Esprit en vertu duquel il a le droit de prescrire et d'enseigner. Cela implique qu'il doive se singulariser par son aspect vestimentaire et porter la soutane. Par-dessus tout, cette puissance dévolue aux rites est exercée dans le culte catholique aux moyens des sacrements et un devoir essentiel du prêtre est de les conférer aux fidèles. Les gestes immuables par lesquels il les administre sont supposés rendre l'âme du croyant accessible à la grâce divine et l'ouvrir au monde surnaturel. Visant à le renforcer dans sa conscience et à rendre le Christ vivant en lui, le sacrement se présente comme un rite nécessitant de sa part un engagement profond. Touchant à ce qu'il y a de plus sensible en l'âme de l'individu, il ne peut exercer son influence et être réellement efficace que si celui-ci se montre réceptif à son pouvoir et est déjà animé par la foi.

Cependant, les devoirs du prêtre, quant à leur rôle dans la vie psychologique humaine, atteignent à une intensité encore plus grande dans un domaine particulier, celui qui a trait à la confession. Là s'affirme avec force sa fonction sacerdotale, car le ministère qu'il exerce lui permet de prendre en charge les péchés des fidèles qui s'adressent à lui pour les engager à faire pénitence. Dans le dialogue ainsi engagé entre le fidèle et le ministre de Dieu, occasion est donnée au premier d'effectuer un retour sur lui-même et de prendre conscience des motivations profondes ayant guidé ses actions. Pour l'aider à cette fin, le prêtre doit se revêtir de la personne du Christ afin qu'il puisse en son nom se pencher sur l'âme du croyant et permettre ainsi sa régénération. Par le rite de la confession, il offre au pêcheur le repentir.

Le rôle détenu par la confession dans la psychologie humaine découle de la différence existant entre le remords et le repentir.

Le premier est présent dans toutes les religions. Vif et douloureux regret de la faute commise, le remords représente le poids écrasant exercée par la faute sur la conscience humaine. Il n'y a pas de pardon et la condamnation du destin est sans appel. D'une autre nature est le repentir qui, lui, va plus loin. Son rôle est d'orienter l'attention humaine vers le sujet, vers la personne, et de lui faire prendre conscience qu'elle vaut bien davantage que les actes qu'elle a pu accomplir. L'être qui se repent est libéré de son passé, sur lequel il acquiert un pouvoir lui donnant une nouvelle valeur, est récupéré par la communauté humaine. Le rôle de son confesseur doit le lui permettre dans la mesure où il l'incite à se tourner vers Dieu présent en lui-même, à faire appel à toute l'énergie spirituelle pouvant assurer sa renaissance. « Va et ne pêche plus » disait Jésus à la femme adultère. Sur son exemple, le prêtre recevant la confession du pêcheur impose à celui-ci une pénitence avant de lui remettre ses péchés par le sacrement de l'absolution. C'est le mythe de la mort et de la résurrection du Christ qui s'opère dans l'âme du fidèle. Ce dernier a alors l'occasion de laisser librement remonter de son inconscient collectif toute la sagesse qui y demeure depuis des millénaires. Transcendé à l'intérieur de lui-même, il renaît en une vie purifiée. La nouvelle jeunesse dont il est à présent détenteur est pour lui source de force et de sagesse, tant pour lui que pour ses semblables. « Le prêtre, muni de tous les attributs de l'autorité paternelle, est le guide responsable, le berger de son troupeau, le confesseur, tandis que les membres de la communauté sont les pénitents […] Tant que le prêtre est une personnalité de haute moralité, possédant une vraie noblesse d'âme et la culture d'esprit nécessaire, on peut considérer la confession comme un admirable moyen social de direction, d'éducation»[26]. Le repentir assure la transformation personnelle de l'individu et fait de lui un homme nouveau. Le souvenir de la faute est toujours là mais il l'a assimilé, a su se rétablir du point de vue du Tout puissant, donnant tout son sens au mot de Julien Green « Dieu est plus grand que la conscience».

Tels sont les différents caractères qui font la force et le dynamisme de la religion catholique, garants de la richesse de sa vie spirituelle. On ne peut qu'être frappé par leur opposition à la foi protestante et par le profond abîme séparant les deux religions. L'une et l'autre n'ont pas la même conception quant à la valeur à accorder à ces instances intermédiaires entre l'homme et la divinité. La Réforme a en effet mis à bas tous ces usages pour ne considérer que l'homme seul devant Dieu car le fidèle protestant n'est animé que par la foi. Ainsi le nouveau culte aboutit-t-il à une désacralisation de la vie religieuse. Avec lui disparaît toute la force du rituel dont la valeur était médiatrice, dont l'objet était de faciliter le contact entre l'homme et toute chose le dépassant.

Se trouvent dès lors abolis tous les intermédiaires, tant célestes que terrestres, entre l'homme et Dieu et l'individu ne peut plus compter que sur lui-même devant son Créateur. La prêtrise a perdu son caractère surnaturel pour devenir une institution purement humaine. Le pasteur protestant ne comporte plus aucun pouvoir sacré reçu de Dieu, n'a plus aucune fonction sacerdotale. Il est simplement choisi dans l'assemblée des fidèles pour sa piété et sa culture religieuse. Il ne joue plus qu'un simple rôle de gardien veillant à ce que dans son peuple soit maintenue la foi en l'Évangile et au Christ. Les sacrements qu'il administre ne sont à présent que des actes commémoratifs, qui par eux-mêmes n'ont aucun pouvoir sur l'âme du croyant et dont l'application n'est pas nécessaire à l'obtention de la grâce. Les protestants s'opposent à la thèse catholique selon laquelle le fidèle peut, au moyen des sacrements, obtenir la grâce pour peu que son âme soit disponible, car ils estiment qu'un décret de prédestination a été pris une fois pour toutes pour chacun d'entre nous. Dieu accorde gratuitement la grâce à l'homme qui ne saurait l'attendre d'une quelconque action humaine. Le résultat est que l'individu a maintenant un sentiment plus grand de sa culpabilité. Atomisé et isolé, il ne doit dorénavant compter que sur lui-même, ses liens avec les forces irrationnelles se distendent. Aucun rite, aucune image, aucune église n'étant plus là pour le mettre en relation avec le divin, une responsabilité écrasante lui incombe désormais puisque il lui faut seul trouver son salut. Le dialogue direct entre Dieu et le croyant prend le pas sur la liturgie et les sacrements, soit sur le rôle tenu par les rites entre le Ciel et les hommes.

Dans le fossé séparant les différentes conceptions spirituelles des deux courants religieux, on perçoit le bien qu'il y a pour l'homme à se sentir relié à l'invisible. L'irruption du protestantisme au sein de l'univers chrétien a enlevé toute sa substance au vécu religieux des croyants dans une partie du monde occidental, en proposant une religion dépersonnalisée, intellectualisée, où la puissance symbolique n'a plus la même possibilité de se manifester. Le contact entre l'homme et la divinité s'est affaibli générant pour le premier troubles et angoisses.

Devenir de la personnalité et individuation

Individuation et individualisme

Être relié au Cosmos crée pourtant en l'homme un sentiment de force et de sécurité car, ancré dans le divin, il n'est plus livré à lui-même et sujet à l'orgueil. Tendant l'oreille vers les profondeurs de son âme, il écoute les messages que son inconscient lui transmet. Intégré à la nature, il se sent animé par une force qui exerce sur lui une action bienfaisante, le sollicite du fond de lui-même et vers laquelle tendent toutes ses aspirations.

C'est la rencontre avec cette puissance intérieure que Jung a évoquée sous le nom d'individuation. Dans ce terme est présent le mot «individu», un être perçu indépendamment de la société dont il est membre. A la pleine réalisation de celui-ci, Jung a consacré son œuvre. La conscience ultime de lui-même que l'homme est susceptible d'obtenir est le résultat d'un long cheminement vers ce qui demeure le cœur de sa personne, qui se présente comme le siège de la divinité, faisant du processus d'individuation «l'incarnation et la révélation de Dieu lui-même»[27]. Ce centre mystérieux de la personne humaine, Jung l'a appelé le Soi, résultante et synthèse de toutes les forces spirituelles animant la personne. Image de la perfection humaine, il est le foyer vivant où s'accomplit notre unité et où l'on parvient à la plénitude, le point où l'on atteint à l'existence la plus authentique où toutes nos potentialités trouvent à s'exprimer. Conformément à ces conceptions, le Soi ne saurait se réduire au seul moi raisonnable. Outre la conscience, il prend en compte l'inconscient, tant l'inconscient personnel que l'inconscient collectif, soit toutes les forces assumées par l'âme et sa relation avec l'invisible.

Celui qui est parvenu à son Soi est devenu «l'être que une fois pour toutes et en lui-même, il doit être. De ce fait, il ne deviendra pas égoïste, ou égocentrique, mais accomplira simplement sa nature d'être»[28]. «Deviens ce que tu es» disait le poète. Ce cheminement vers son centre est bien ce mystère de l'individuation, un effort pour se réaliser véritablement et devenir pleinement soi-même. Dieu présent au plus intime de notre être, telle est l'essence profonde du Soi, un idéal vers lequel ont tendu toutes les religions en empruntant des voies différentes. «Je ne suis pas en mesure de me représenter quoi que ce soit au-delà du Soi, étant donné qu'il est – de par sa seule définition déjà – une représentation limite figurant la totalité inconnue de l'être humain. Il n'y a pas la moindre raison pour que l'on doive, ou ne doive pas, nommer le Soi transcendant Christ, ou Bouddha, ou Purusha, ou Tao»[29].

Jung précise que s'engager dans un tel chemin ne peut être le choix que d'une minorité d'individus car il exige patience, temps et aussi souffrance. Il ne peut concerner que ceux qui ont été contraints par une expérience peu courante, une grave maladie par exemple, à quitter les sentiers battus dans lesquels évolue la société pour donner un nouveau sens à leur existence. Celui qui se sent à l'abri dans son environnement familier et ses traditions ne saurait suivre cette voie. En particulier, l'individu de grande piété, parce qu'il se sent pris en main par l'institution religieuse et qu'il trouve dans sa participation aux rites un aliment suffisant à ses besoins spirituels, est suffisamment bien enraciné dans son univers personnel pour s'abstenir de souscrire à ce changement.

Car l'individuation représente une recherche de soi-même qui peut demander toute une vie, qui même souvent n'est pas achevée celle-ci arrivée à son terme. C'est un long effort d'intériorisation avec des étapes successives, différents jalons marquant notre confrontation avec l'inconscient, une action qui nous engage à plonger en notre âme pour mieux considérer ses mystères. Les éléments disparates de notre personnalité sont peu à peu amenés à la lumière et l'on s'efforce d'accepter ce qui dans notre nature est inférieur, voire irrationnel. Au-delà de notre rôle social, il nous faut considérer notre intériorité et nouer le contact avec la divinité à laquelle nous participons, assumer notre personnalité de façon pleine et entière et acquérir ce que l'on appelle la force d'âme. Toutes les contradictions, source de multiplicité et cause d'agitation personnelle, trouveront leur résolution. Tous les antagonismes dont nous sommes la proie s'achemineront vers leur plus intime solution. Le bien et le mal, la vie et la mort, la peur et la témérité, la fougue et la prudence s'accorderont en une juste synthèse. Dans celle-ci l'individu pourra exprimer son sens éthique en pleine possession de ses moyens et de son jugement.

On comprendra alors que la maturité particulièrement aboutie que cet état symbolise se place bien au-delà de la culture personnelle et de l'éducation, en comparaison bien superficielles. Celui qui bénéficie d'une situation sociale élevée a le bonheur de recevoir une instruction élaborée, fruit d'une tradition propre aux milieux aisés. Mais ses acquis ne sont qu'un moyen dont la seule finalité est de lui permettre de se bâtir une personnalité et qui restent sans objet s'ils demeurent pour lui un simple jeu d'idées. La construction de la personne est pour chacun fonction de ses aptitudes personnelles et de son désir de se forger au contact des expériences jalonnant son existence. Notre développement ne dépend pas d'un héritage culturel, de la transmission d'un savoir, mais bien plutôt de ce que nous faisons de ce savoir car notre personnalité est toujours le fruit de notre confrontation avec la vie. Quel que puisse être le degré de culture auquel il est parvenu, un être ne connaît son plein développement que s'il a su intégrer toutes les leçons qu'il lui a été donné de connaître. Cette renaissance est sans rapport avec le niveau d'études effectuées, le lustre intellectuel, politique ou philosophique, et de grands érudits peuvent en rester à une connaissance sommaire de leur âme. Elle n'entretient pas davantage de rapports avec une culture ou une civilisation plus ou moins développée. Un être dit primitif pourra passer pour plus individué que n'importe quel sujet de notre monde occidental.

De telles considérations, il découle que l'on ne saurait concevoir de quelconques relations entre l'individuation et ce que l'on a coutume d'appeler l'individualisme.

Celui-ci, bien que les philosophes aient depuis longtemps tenté de cerner le concept avec précision, n'a connu sa pleine réalisation qu'au XIXème siècle, époque qui vit le triomphe du libéralisme individuel à la manière de Benjamin Constant. Il ne concerne pourtant que la partie la plus superficielle de la personne, celle qui reste en contact avec la société. Visant à l'indépendance personnelle et à la poursuite du bonheur privé, l'individualisme se définit d'abord négativement par son opposition à l'autorité du despote et au pouvoir des masses. Il prend alors les apparences d'une idée froide et abstraite, dépourvue de racines authentiquement humaines et sans rapports réels avec les aspirations de notre âme. Poussé à ses plus extrêmes limites, il encourt le risque de se confondre avec l'égoïsme s'il ne vise qu'à la satisfaction des intérêts privés et, partant, d'être source de catastrophes incalculables pour la collectivité. Volonté systématique de réussite quel qu'en puisse être le prix à payer, il tend à s'assimiler à la pure ambition personnelle qui ne se préoccupe pas du bien d'autrui.

Telle est l'idéologie à laquelle obéit l'Occident à l'époque où se développaient en Europe industrialisation et économie libérale. L'idée de progrès et de prospérité allait de pair avec la conviction que l'intérêt général résultait de la somme des intérêts particuliers, principe sur lequel reposait le libéralisme.

L'égoïsme en soi passait pour une valeur positive tempérée uniquement par le respect des lois. D'un point de vue purement humain, c'était une erreur fondamentale car l'individu ne peut réaliser le vrai bonheur et la vraie liberté en demeurant attaché à son ego. S'il succombait à cette tentation, il pourrait causer de graves préjudices à son entourage proportionnels à l'importance de sa situation sociale. Dans une entreprise, celui qui ne pense qu'à sa carrière voudra à tout prix obtenir rapidement le succès quelles que puissent être les conséquences de ses initiatives pour le bien général. Le résultat est que ses successeurs paieront le prix de son insouciance en se voyant dans l'impossibilité de redresser une situation devenue difficile. A terme, il s'ensuivra pour toute la compagnie fermeture et chômage. De fait, ce qui caractérise l'individualiste et le singularise tragiquement c'est la rupture qu'il occasionne entre lui-même et le monde, celui-ci forcé de subir le poids de son inconscience. Coupé de la terre, de la société, de la nature, il finit par être opposé à l'ordre des choses, à déranger l'harmonie dont jouit l'univers.

A un idéal plus élevé répond l'individuation, accomplissement de la volonté de Dieu en la personne. L'être individué est celui qui selon toute apparence se confond avec la masse car il a su demeurer humble et dépasser son orgueil. Il s'en distingue en fait par la forte personnalité qu'il a acquise, qui le met au dessus du lot, lui permet de ne pas obéir aveuglement aux valeurs collectives et de garder ses distances. A la différence de l'individualiste, il n'est pas séparé du monde mais en union intime avec lui, respire du souffle de l'univers et vit au rythme de la nature entière. « Il est impossible de s'individuer sans être relié »[30]. De façon insidieuse, son influence agit sur ses proches, lesquels se transforment peu à peu fascinés qu'ils sont par cet être hors du commun.

Le processus qu'il engage prend bien l'allure d'un destin, « le destin que l'on est »[31]. Ce dernier, dont de toute éternité les mythes se chargent de nous rappeler le caractère récurrent, reste contenu dans le devenir de l'homme, dépend de sa bonne volonté et de sa capacité à se connaître. Aussi appartient-il à celui-ci de le diriger et de le maîtriser dans la mesure où il sait s'observer lucidement et prendre en main son évolution personnelle. La certitude de Jung de la possibilité qu'a l'homme de maîtriser son destin apparente celui-ci à une destinée. Le passage de l'un à l'autre réside dans l'aptitude que l'on a à assumer ses potentialités. Si le destin nous est imposé, la destinée provient de nos orientations personnelles, de ce qu'on a su faire de soi, et ce n'est que dans la mesure où l'on a su faire de notre destin une destinée que l'on a pleinement conquis sa liberté.

Héros et personnalité.

Un tel intérêt accordé à notre âme incite à s'interroger sur les rapports existant entre la personnalité et l'individuation. Tout être humain a dans sa jeunesse le désir de se bâtir sa propre individualité, un ensemble de qualités, de tendances, d'aspirations formant sa nature personnelle et à partir duquel il peut guider son existence. Cet effort pour définir son identité n'est que le premier pas sur le chemin de l'individuation, état beaucoup plus achevé. Il n'en demeure pas moins que la volonté de se construire une personnalité, les obstacles qu'il lui faut surmonter pour y parvenir, trouvent leur illustration dans une image bien ancrée en notre âme puisqu'on la trouve dans toutes les mythologies, celle qui a trait au héros. « La fonction essentielle du mythe héroïque est le développement, chez l'individu, de la conscience de soi — la connaissance de ses forces et de ses faiblesses propres, d'une façon qui lui permette de faire face aux tâches ardues que la vie lui impose »[32].

Lorsque le thème est évoqué, nous vient immédiatement à l'esprit l'idée d'un être accomplissant de grandes choses, des actes témoignant de son énergie et de sa volonté de réussir. Dans notre représentation du héros, nous voyons immédiatement des hommes d'une stature extraordinaire, doués de tous les courages, réalisant des exploits presque surhumains les plaçant d'emblée au-dessus du commun des mortels. Les héros dits nationaux suscitent l'admiration de leurs compatriotes tant ceux de leur temps que ceux des âges à venir par leur ardent patriotisme et leur volonté de lutter jusqu'au bout contre les ennemis de leur pays. D'autres personnalités ont acquis la célébrité par les défis qu'elles ont relevés, ainsi Charles Lindbergh traversant le premier l'océan atlantique en avion.

Mais alors, on ne peut que relever l'ambiguïté proposé par le concept à notre intelligence. Car si dans la tradition et l'héritage historique, on retient l'image positive et idéalisée du personnage héroïque, celle qui force l'admiration, il en existe un autre aspect rigoureusement antithétique au premier. Si l'héroïsme peut être encensé, il peut aussi être réprouvé pour peu que l'on ne voit en lui qu'absence de cœur et d'imagination. Toute épopée est à ce sujet caractéristique. Volonté de magnifier un peuple ou d'une action, elle est l'évocation d'un temps où la victoire devait être remportée sur le monde. Elle fait du héros épique le symbole de la lutte titanesque menée par l'homme contre la nature et le destin. C'est une rencontre entre imaginaire et réalité qui a aussi sa face sombre. L'Histoire des hommes est jalonnée de conquérants qui fascinent par leurs prouesses, et l'énergie qu'ils déploient pour édifier leur empire suscite à juste titre l'admiration. Un être comme Gengis Khan peut étonner des hommes épris de grandeur et d'action mais aussi en indigner d'autres que révulsent cruauté et barbarie. Toute réalisation a nécessairement son revers et le spectaculaire qui accompagne ces actes tend à faire de tout excès la condition nécessaire de l'héroïsme. On oublie que de si hauts faits ont leur prix à payer car ils ont pour contrepartie violence, massacre et destruction. Ainsi, les mythes fondateurs de nations présentent des héros dont on célèbre l'action et le courage mais qui ont pour corollaire le mal qu'ils ont fait subir à leurs semblables. Si dans le nouveau monde, la conquête de l'Ouest, officiellement présentée à la gloire du peuple américain, a permis à des hommes comme Davy Crockett, Buffalo Bill ou Wild Bill Hickock, de devenir de par la lutte engagée contre la nature et les hommes, des êtres légendaires intégrés au folklore national, on peut aussi bien voir en eux des tueurs peu scrupuleux prompts à verser le sang de leur prochain. Avec ces cas, on perçoit l'ambivalence du héros, déifié ou satanisé selon les circonstances et les points de vue.

Si l'on veut faire du héros et de ses actes une expression de l'édification de la personnalité, on réalise que celle-ci est chose difficile à construire car elle oscille toujours entre deux extrêmes. Elle engage la liberté humaine qui est alors appelé à s'exprimer et à définir ses limites. L'homme use de son libre arbitre au milieu de sollicitations contradictoires et n'acquiert force et maturité que s'il se trouve pris entre contraintes et devoirs opposés. Il en découle pour lui une difficulté à trouver sa voie, laquelle demeure toujours dans un juste milieu qu'il juge idéal. Les Grecs avaient déjà souligné le danger encouru par le héros en se refusant à le donner en exemple. Son désir de s'élever, à l'image de Bellérophon ou d'Icare, ne pouvait que susciter les foudres divines. Il lui faut agir dans les limites de sa conscience, condition même de sa liberté. Cela signifie qu'il doit rester lui-même et non viser à imiter un tiers sous peine de connaître le péché d'orgueil, de devenir un anti-héros, Hitler s'assimilant à Siegfried ou au Christ. Le héros ne s'imite pas et nul ne peut répéter trait pour trait ce qu'il a fait.

Tel que nous venons de l'évoquer par ces exemples précis, cette manière de surhomme ne relève que d'une très petite portion de l'humanité, celle dont font partie des êtres exceptionnels voués à la réalisation de grands desseins. Etre un héros en leur sens ne peut être à la portée de tous. De tels actes exigent de chacun une trempe exceptionnelle, un désir puissant d'obéir à une aspiration enracinée en soi et qui le porte. En fait, il faut considérer l'action de ces personnages comme un grossissement destiné à montrer ce qu'est une personnalité accomplie, et dont l'exemple vise à donner une image particulièrement aboutie du combat que chaque homme doit se livrer à lui-même. Aussi nous est-il possible d'élargir la conception du héros, de façon à la rendre accessible à chaque individu et faire en sorte qu'il puisse l'appliquer à son cas particulier.

C'est l'acceptation que prend le personnage principal de tout roman. A la lecture de l'œuvre, nous suivons pas à pas son parcours tout au long de l'histoire dont il est précisément le «héros», dans lequel il connaît des expériences l'amenant à évoluer au cours de la narration. Ainsi est-il conduit à devenir un nouveau personnage et c'est cet accouchement qui précisément nous enrichit en tant que lecteur. Il est un héros dans la mesure où il acquiert graduellement une nouvelle maturité car sa confrontation avec l'existence l'oblige à se redéfinir et à se transformer. Ce parcours, un poète, à l'origine, en a donné le modèle. À Homère en effet revient l'initiative d'avoir présenté dans ses épopées des hommes en proie à des épreuves agissant sur leur âme. Ainsi dans *L'Odyssée*, le récit du voyage d'Ulysse qui, après avoir participé à la prise de Troie, engage un long périple pour retourner dans sa patrie est l'image de l'individu qui, ayant connu des expériences diverses, arrive à triompher des tentations placées sur sa route pour trouver finalement l'équilibre, la joie de vivre et le bonheur. Il est jeté dans l'île des drogués, un univers redoutable, doit affronter le danger matériel représenté par les naufrages, connaît le péril amoureux et la passion avec Circé. Celle-ci transforme ses compagnons en pourceaux, une manière de montrer que la sexualité ne concerne que la partie animale de l'homme. Il triomphe même de l'amour de Nausicaa avant de retrouver sa femme et son fils. C'est aussi *Le rouge et le noir*, l'histoire d'un jeune homme, Julien Sorel, qui, tentant de s'élever dans la société, reçoit une initiation quotidienne en allant d'une aventure à l'autre. De la même manière, *Don Quichotte* évoque un homme victime de chimères et qui, se heurtant au mur des réalités, comprend peu à peu sa folie en faisant l'expérience quotidienne que l'on est tous appelé à connaître. Tel est le héros véritable, celui dont la personnalité se forge au contact des faits.

Là prend son sens la personnalité humaine, laquelle est appelée ainsi à se construire. Le héros est un symbole, celui de la conquête de soi par soi, la construction de notre moi et les difficultés qu'elle suppose. Ce travail engage notre volonté, exige notre constance et s'étendant en général dans la première moitié de notre existence. « Le motif du héros incarne toujours le désir profond qui tient le cœur de l'homme et ce qu'il voudrait réaliser avant tout »[33].

Par sa confrontation à l'action et l'expérience qu'il en a retirée, Saint-Exupéry a dans une large mesure été séduit par le thème puisqu'il a tenté dans son œuvre de donner du héros une définition aussi précise que possible. Celui-ci était pour lui l'image même de la responsabilité humaine, celle exercée par un être qui a décidé de se consacrer à une tâche sociale. Quel que puisse être le but, moral, politique, religieux, la seule chose qui importe est que cet objectif dépasse celui qui veut l'atteindre, apparaisse plus grand que lui. A ce prix seulement, l'homme aura le sentiment de sa valeur. Le héros, chez Saint-Exupéry se sacrifie pour réaliser un progrès, donne par son énergie une leçon de volonté. Afin que cet idéal ait plus de force, l'auteur de *Vol de nuit* s'est penché sur le personnage du chef et sur le rôle qu'il détient. Par sa position et ses responsabilités, celui-ci doit déployer toute son énergie pour viser haut, se montrer fort, s'affirmer avec vigueur pour assumer les lourdes charges reposant sur ses épaules, même s'il lui faut pour cela se résoudre à de douloureuses décisions. Pour chacun, il est un exemple. A son égal, il faut, sans pour autant s'engager dans une aventure à hauts risques, tendre vers un idéal élevé, vivre non pour soi mais s'accomplir en travaillant au bien général. Ce sens du devoir prôné par l'écrivain pourrait être le fait du héros tel que le conçoit Jung. Il serait raisonnable d'accoler la notion de responsabilité que Saint-Exupéry tente de promouvoir au degré élevé de maturité personnelle à laquelle s'attache le psychologue zurichois. A la base de cette idée, on trouve en effet la haute conception que l'homme a de sa dignité. Pour qu'il en ait le meilleur sentiment il doit s'interroger sur ce qu'il est réellement, sur la meilleure façon de se former une personnalité.

La description donnée du héros par Saint-Exupéry, sa relation avec sa conception du chef nous incitent à plonger à la source même de ce mythe. Si l'on s'en tient à l'étymologie du mot, on observe que son sens premier est précisément celui de chef. Telle était à l'origine sa signification pour les Grecs, lesquels ont désigné ainsi les différents protagonistes de la guerre de Troie. Le héros est un chef, soit un être investi d'un devoir, ayant pouvoir de décision, situation qui suppose chez lui un haut sentiment de son rôle, source d'initiative et d'action. Tous, il nous faut être un chef envers nous-mêmes et plus élevée est notre position, plus grand doit être ce souci. Si l'on veut avoir la meilleure perception du thème, il nous faut remonter à l'essence même de la culture grecque, soit tenter de comprendre la façon dont il était perçu au sein du monde mythologique.

Dans la conception des Anciens, le héros était celui engendré par une divinité et un mortel, une manière de symboliser l'union des forces célestes et terrestres en l'être humain. Sa nature semi-divine est l'image du conflit que connaît chacun d'entre nous, tiraillé entre un désir d'élévation spirituelle et la satisfaction des besoins terrestres. Tel est le drame profond auquel l'homme est sujet. A partir de cette image véhiculée par le monde antique, l'on peut tenir comme héros tous les personnages que les différentes religions ont montrés en rapport avec la divinité car c'est dans un échange avec celle-ci que l'homme prend conscience de sa condition. En racontant l'histoire du « peuple élu », l'Ancien Testament a voulu le présenter comme un héros, par l'intermédiaire de ses patriarches et de ses prophètes. Les rapports que ces derniers entretiennent avec Dieu et les nombreux conflits qui en découlent au sein de leur âme les assimilent à des héros mythologiques puisque leur esprit se trouve en relation avec le divin.

Ces différents thèmes mythologiques frappent l'imagination dans la mesure où elles détiennent un sens précis dans la vie psychologique humaine. Le héros qui combat le monstre, aidé par un dieu ou une déesse, est l'image de la volonté humaine s'appuyant, non sur les préjugés et les idées préconçues que lui suggèrent ses semblables, mais sur les seuls dons personnels dont il a été pourvu par les dieux à sa naissance. Au-delà, il est aidé par les forces émanant de son inconscient, l'instance divine présente en lui et exerçant son action bienfaisante. C'est l'homme qui dispose d'assez de courage et de force morale pour être lucide sur ce qu'il est réellement. Ainsi s'exprimait le psychologue suisse : « Si, au cours de mon existence, je ne rencontre pas le dragon qui est en moi, si je mène une existence qui reste dénuée de cette confrontation, je finirai par me sentir mal à mon aise, un peu comme si je me nourrissais constamment d'aliments dépourvus de vitamines ou de sel. Il me faut rencontrer le dragon, car celui-ci, de même que le héros, est un centre chargé d'énergie »[34]. Toutes les divinités formant la base des mythologies représentent chacune une qualité humaine que l'individu se doit de développer pour connaître le progrès personnel. Le héros en lutte contre le monstre est l'homme qui, gardant le contact avec son inconscient, puise en lui seul les richesses susceptibles de l'aider contre les pulsions négatives auxquelles peut céder son âme. Au-delà de ces influences supérieures, c'est la divinité suprême qui agit, le Dieu absolu dont tous les immortels ne représentent que les divers aspects, et de Qui provient la puissance à partir de laquelle se construit l'individu.

Aux débuts de l'Histoire de l'humanité, l'art a témoigné de ce rapport existant entre la personnalité humaine et l'instance divine. Les portraits que nous offre la Mésopotamie, ainsi à travers la sculpture de Sumer, nous montrent des êtres exprimant une assurance qui leur vient du sentiment de jouir de la protection divine. Les rois de Lagash, de Mari, de Babylone, les statues de Gudea présentes au Louvres en témoignent. Ils font apparaître dans leur représentation une force et une volonté issues d'une certitude, celle qu'ils ont de pouvoir s'appuyer sur la divinité pour asseoir leur puissance, l'attitude de l'homme qui se sert de son dieu pour se montrer important. C'est quand elle est réellement ancrée dans le divin que la personnalité parvient le mieux à s'imposer.

Le héros apparaît comme le représentant de l'humanité et tous, au fond de nous, nous subissons son appel. Tous nous avons cette volonté d'assimiler notre part divine même si ce désir provoque en nous troubles et conflits du fait que, quelle que puissent être la grandeur de nos aspirations, nous sommes toujours attachés à la vie terrestre et à son caractère trivial. Jung assume essentiellement au mythe du héros la fonction d'assurer le passage de l'adolescent à la psychologie adulte. Mais l'enseignement qui s'en dégage peut s'appliquer à tous les âges de la vie. Bien qu'il ait accédé à une vie pleinement responsable, l'homme est toujours susceptible de réagir comme un enfant aux épreuves qui lui sont imposées. Même devenu un vieillard, il peut être sujet à des comportements infantiles face aux exigences de la vie. Il peut arriver qu'un être d'âge mûr et jouissant d'une position sociale d'envergure peut avoir garder une psychologie sommaire encore restée au stade de la toute première jeunesse.

Au delà de cet instinct qui nous élève et nous transporte, nous prenons peu à peu conscience que son origine est le Soi, ce centre primordial dont nous avons l'intuition et par lequel s'anime notre personne. «C'est de ce Soi, c'est à dire de la totalité de la psyché, que se dégage la conscience individualisée du Moi»[35]. Le thème des rois mages cherchant l'étoile de Bethléem ne saurait mieux exprimer ce rapport essentiel existant entre la personnalité et cette idée première que représente Dieu, source de toute chose. Ecartelé entre le Ciel et la terre, le mythe du héros prend tout son sens car il représente le mystère de la vie. Pris entre le désir d'aller vers le sublime et l'esclavage de nos sens, la lutte livrée pour se créer trouve sa pleine justification dans la nécessité qui nous est imposée de faire un choix.

Telle est la réelle signification du héros : l'homme exposé au choix, obligation à laquelle se doit de souscrire toute existence humaine. A chacun, au long de sa vie, il est fait un devoir de choisir pour satisfaire aux exigences de l'action. L'homme faible et de médiocre renom est celui qui se refuse à trancher, comme le montre trop souvent la vie dans le monde politique où l'on voit des personnages refuser de prendre une décision par désir de satisfaire le maximum de partenaires et n'aboutir ainsi qu'à susciter partout une égale déception. Aussi doit-on se résoudre à s'engager, quelle qu'en soit la difficulté. Plus le risque est grand, plus forte sera la personnalité. Comme le héros mythologique, il faut que l'homme agisse, opte entre le travail de l'esprit et l'attrait de la matière. Il peut hésiter, car il lui faut rester maître de lui et éviter les excès. Il doit transcender ses désirs de jouissance pour approcher la vérité mais aussi s'adapter à la réalité, travail permanent exigeant de sa part toute sorte de décisions « héroïques ».

La mythologie latine a à ce sujet proposé une divinité à la méditation humaine, restée dans la mémoire des hommes sous le nom de Janus. Dieu ambivalent à deux faces, l'une tournée vers le passé, l'autre vers l'avenir, il est celui qui assure les transitions, permet les passages, marque l'évolution d'un état à un autre. Placé devant les portes en surveillant vigilant, son double visage signifie qu'il garde les entrées et les sorties, considère l'intérieur et l'extérieur, le haut et le bas, le pour et le contre. Il assure la progression du passé vers l'avenir, oriente l'âme humaine dans son cheminement. Ainsi préside-t-il aux choix humains, si possible aux bons choix, car en définitive ceux-ci ne s'accomplissent-ils pas entre une situation passée et un possible changement, entre le maintien d'un état antérieur et l'attrait de la nouveauté ? Tel est le sens que prend Janus dans notre évolution personnelle. Placé à la croisée des chemins dans les différentes situations où il est impliqué, l'homme a sans cesse à choisir et de sa décision dépend à chaque fois le tour que prend sa destinée.

Pourtant, si le mythe du héros trouve son intérêt dans l'effort de construction personnelle qu'il nous enjoint d'accomplir, il n'en connaît pas moins ses limites dans la mesure où il ne peut concerner le devenir postérieur de cette construction, précisément à cause de son caractère équivoque et des excès susceptibles d'en être l'apanage. Il ne saurait se confondre avec l'individuation à laquelle se réfère Jung et n'est à prendre en considération que dans la première partie de notre existence. Mythe de la jeunesse, il se réduit à donner l'image des obstacles et difficultés rencontrés par l'homme durant cette période. Passé celle-ci, il ne relève plus d'une attitude visant alors à se préparer à une mort encore lointaine. « Une fois que l'individu a triomphé de l'épreuve initiale et entre dans la phase de maturité de sa vie, le mythe du héros perd son intérêt. La mort symbolique du héros marque pour ainsi dire l'avènement de la maturité »[36].

Jung nous cite cependant le cas d'un héros frappant par son achèvement puisqu'il réalise tous les degrés de l'individuation, Héraclès, prototype même du héros grec. « Le mythe d'Héraclès présente bel et bien les caractéristiques d'un processus d'individuation : les voyages vers les quatre points cardinaux, les quatre fils, la soumission à l'élément féminin (Omphale) qui symbolise l'inconscient, le sacrifice volontaire et la renaissance provoquée par la tunique reçue de Déjanire »[37]. La mort finale sur le bûcher, lors de laquelle il est divinisé, représente la transcendance opérée en l'homme, celle connue par l'âme qui, par la consomption du corps, se voit à présent libérée et purifiée.

Le mystère de l'Individuation.

L'individuation va bien au-delà de l'image du héros puisqu'elle représente un développement particulièrement abouti de la personnalité humaine. Si l'idéal du héros s'applique à la jeunesse, cette entreprise concerne bien plutôt la deuxième partie de l'existence, quand le temps est venu pour l'homme de s'assagir et de trouver de nouveaux buts à sa volonté de vivre. Une telle aspiration peut légitimement s'apparenter au mysticisme.

Le mythe du héros entretient certes d'étroites relations avec ce nouvel idéal puisqu'il prend sa source dans notre Soi. Dans la mesure où la personnalité se cherche dans le respect de la volonté divine, l'affirmation de notre moi ne peut qu'avoir d'étroites affinités avec Dieu. Il s'ensuit pour notre âme un long travail de purification dont le but ultime est symbolisé sur le plan du mythe par tous les trésors légendaires conquis par le héros au terme de son périple. «Le Soi, c'est le héros qui dès sa naissance est menacé par des puissances collectives envieuses; le joyau désiré de tous et qui suscite une lutte jalouse»[38]. Les pommes d'or du jardin des Hespérides, parmi de multiples exemples, demeurent une image de ce « joyau » encore inconscient que nous ont transmise les Grecs. La tradition chrétienne a produit le mythe du saint Graal, ce vase dans lequel fut recueilli le sang du Christ, objet de fascination pour les chevaliers de la table ronde, image de « la plénitude intérieure que les hommes ont toujours cherchée »[39].

Puisque cet idéal est l'affaire de toute une vie, le modèle du héros ne saurait suffire à l'évoquer et la fin tragique qu'il connaît parfois donne la mesure des excès auxquels est souvent portée la jeunesse. L'individuation ne s'adresse qu'aux êtres parvenus à l'âge mûr, bénéficiant de l'expérience que peut seule conférer le temps. C'est à juste titre que Jung a cité le thème du vieux sage présent dans de nombreux contes, image même de l'accomplissement et de la sérénité.

Dans l'imaginaire des hommes, la vieillesse va de pair avec la sagesse en raison du long acquis d'expérience qu'elle représente. Toutes les civilisations en témoignent puisqu'elles ont accordé au vieillard un rôle éminent dans leur définition du bien et de la vérité. La Chine honore les gens âgés et ne peut concevoir que le bonheur puisse être vécu dans sa plénitude avant l'âge de soixante ans. L'Occident chrétien présente Dieu comme un noble vieillard aux cheveux blancs, image de l'éternité. La vieillesse est une image de l'immortalité et dans leur univers symbolique les hommes ont perçu le vieillard comme un être ayant vaincu le temps. Il est celui qui, par sa longévité est arrivé à surmonter et à résoudre les contradictions de son existence, a atteint à la suprême béatitude. Il représente une vision idéalisée de l'homme qui a su assumer son destin, un destin dont il s'est rendu maître puisqu'il a su le relier à l'univers immense et fascinant dont il est habité. Pour mener à bien cette évolution, l'âme doit savoir se transformer avec le temps et triompher de multiples épreuves. L'effort mystique pour parvenir au Soi ne saurait s'accomplir d'une manière spontanée sous peine d'encourir la folie. C'est au contraire dans une voie longue et tortueuse qu'il faut s'engager. Le Soi représente «l'Essence suprême, l'Etre unique par Lequel vit toute la Création». Vivante présence de Dieu en nous, il est vis-à-vis de la conscience une puissance qui peut la subjuguer et il serait dangereux de se plonger dans les mystères de l'intériorité sans s'y être longuement préparé. C'est un exode qui exige une longue démarche non exempt d'obstacles et la raison seule ne peut suffire à saisir le mystère divin. Dans ses rapports avec la divinité, l'être humain doit faire preuve de retenue envers une présence qui le dépasse et qu'il lui faut respecter. Il doit s'abstenir de tenter de percer le secret du Ciel mais plutôt l'appréhender avec recul, sans chercher à comprendre un mystère devant lequel la seule attitude concevable est l'humilité. Aussi trouve-t-on dans chaque religion cette méditation sur le fait que l'on ne peut dépasser et atteindre ce qui est du domaine de la divinité mystérieuse et cachée.

Les Anciens nous ont transmis à ce sujet des mythes particulièrement évocateurs puisqu'ils visaient à mettre l'homme en garde contre cet orgueil. Sémélé, désirant contempler Zeus dans toute sa gloire, périt sous le choc de la vision ; Actéon fut changé en bête pour avoir surpris la déesse Diane prenant son bain. L'Ancien Testament exprime la même idée quand il affirme que quiconque touche à l'arche d'alliance tombe aussitôt foudroyé. Même le Christ qui s'est fait homme demande à Madeleine de ne pas le toucher. Ainsi est-il proclamé dans toutes les traditions que l'on doit renoncer à approcher les mystères de la divinité. Le cerveau humain a ses limites et à contempler Dieu de trop près on court le risque de perdre la raison, piège dans lequel il arrive que tombe certains théologiens. Il faut que le voyage soit mené à bien sans que pour autant soient rompus les liens avec le monde visible. A une brutale confrontation dont les conséquences pourraient être catastrophiques, il est plus souhaitable de préférer un lent cheminement seul susceptible de guider notre quête intérieure, un choix qui ne saurait trouver de meilleur symbole que dans celui du labyrinthe.

On connaît la légende du palais crétois de Minos où fut enfermé le Minotaure et duquel Thésée ne put sortir que par le fil remis par Ariane En Occident, on trouve parfois dans certaines cathédrales, à Amiens, à Chartres, des labyrinthes inscrits sur le sol et faits pour inspirer au fidèle effort, patience et volonté. En Extrême-Orient, les images bouddhiques appelées mandala n'ont pas d'autre finalité que de conduire ceux qui se concentrent dessus vers l'anéantissement, atteint à l'issue d'un long périple. Si la première impression que l'on éprouve quand on entre dans la salle hypostyle du temple de Karnak en Égypte, est celle de force et de puissance, le sentiment nous étreignant ensuite est le mystère, celui émanant de la forêt de colonnes avec ses jeux d'ombre et de lumière, suggérant l'homme à la recherche de lui-même. Le labyrinthe détient un sens évident quant à la vie de l'âme humaine. Son plan compliqué est fait pour susciter en chacun l'idée d'une maturation progressive faite d'avancées et de reculs. Les nombreux méandres dans lesquels il nous convie visent à nous faire prendre conscience de tous les paradoxes de l'existence. Il offre une image de la vie, de toutes les difficultés que l'on y rencontre. Les chemins sinueux dont il est formé sont ceux sur lesquels est engagé l'homme confronté aux succès et aux échecs qu'il est appelé à connaître. De ces expériences il retire à chaque fois force et sagesse. Ses revers même sont pour lui occasion de s'enrichir et, alors même qu'ils semblent marquer un point d'arrêt, le font finalement avancer sur les chemins de la vie jusqu'à son terme, centre du labyrinthe. Là se trouve le joyau mystérieux et caché, le trésor évoqué par les mythes et les contes. Au-delà de cette vision, le labyrinthe est chez l'homme un symbole de l'inconscient. C'est en se penchant sur lui, par-delà idées, émotions et sensations, qu'il s'intériorisera toujours davantage, par étapes successives, pour finalement trouver la lumière et devenir une personnalité aboutie. Celui qui s'est enfoncé dans son propre labyrinthe est l'être qui a choisi de dépasser ses préoccupations matérielles et fait triompher sa nature spirituelle.

Telle est la signification du mysticisme, forme la plus personnelle et la plus authentiquement religieuse de la vie spirituelle humaine. On sait le sens que revêt le terme mystère dans le langage courant, désignant ce qui demeure inexplicable pour la raison humaine quel qu'en puisse être le contexte. A l'origine, il s'appliquait exclusivement au domaine religieux puisqu'il signifiait toute cérémonie accomplie en l'honneur des dieux et auxquelles seuls les initiés étaient conviés. Dans le christianisme il exprime ce qui demeure secret dans le domaine de la foi. La notion de mysticisme relève d'un lieu dissimulé, d'un centre obscur au fond de l'homme. Précisément, cette notion de centre fait son importance, un centre caché que l'on approche lentement après avoir livré maints combats sur soi-même, autant d'occasions pour l'individu de se trouver. Chaque mystique représente un cheminement vers un lieu sacré, siège de toutes les richesses, véritable «toison d'or» qu'il nous faut conquérir. Jung a manifesté un intérêt tout particulier pour les mystères d'Eleusis, célèbres dans le monde antique. L'immortalité bienheureuse promise aux initiés se voulait indépendante de toute conduite liée à des observances religieuses imposées par la tradition et le culte officiel. Seul importait le salut individuel et son obtention ne dépendait que de la bonne volonté et du respect de ceux à qui il était proposé. Le secret entourait cette pratique religieuse et aujourd'hui encore on s'interroge sur la nature réelle de ces mystères, preuve de son sens profond pour les contemporains.

Indépendamment des mouvements collectifs et des faits sociaux, l'individu s'avance à la recherche de lui-même et se laisse guider par la voix divine. Sous l'impulsion d'une révélation extérieure, il apprend à maîtriser ses désirs, à surmonter doutes et inquiétude et trouver la stabilité personnelle. C'est une lutte qui implique de sa part dépouillement progressif et purification intérieure qui lentement amènent la vacuité à son esprit. Celui qui a su s'élever à de tels sommets peut alors exploiter toutes ses virtualités. A l'image d'Hercule qui sut mener à bien ses travaux grâce à la force exceptionnelle dont il était nanti, la force d'âme que l'individu a acquise lui permet de triompher de ses faiblesses. Il est désormais comparable à un roc puissant que n'ébranlent pas les éléments et reste constant au milieu des remous de l'existence. Il ne s'émeut pas devant les événements et garde toujours empire et contrôle sur lui-même sans pour autant méconnaître la souffrance à laquelle nul n'échappe.

Le nouvel état auquel il est parvenu est bien une renaissance, symbolisée par l'extrême jeunesse attachée à l'image de l'enfant. Celle-ci a été prise par le psychologue zurichois comme un symbole du Soi en tant qu'incarnant le désir de pureté et d'innocence propre à l'individuation. On connaît alors cette psychologie particulière du commencement de la vie que les vicissitudes de l'existence nous ont fait ensuite oublier. Au-delà des joies, des peines et de toutes les expériences auxquelles on a été confrontées, renouer avec la force naturelle dont jouit l'enfant, sa spontanéité, permet de triompher des obstacles placés par le destin sur notre route, de retrouver notre unité perdue. Par son naturel et sa vitalité, l'enfant incite à se placer au-delà de toutes les règles fixes, de toutes les lois et traditions qui nous figent et nous maintiennent dans l'ornière. Il est comme «un être qui reçoit les choses sans faire intervenir sa raison et sa réflexion»[40]. Avec lui on vit réellement, en ce sens que l'on garde toute notre puissance de renouvellement face à un monde trop oppressant. «L'«enfant», tel un nouveau-né, sort du sein de l'inconscient; il a été conçu par la base fondamentale de la nature humaine ou, pour mieux dire, il est né de la nature vivante en général. Il personnifie des forces vitales qui résident au delà du cercle limite de la conscience, des voies et des possibilités que la conscience ignore dans sa partialité, un Tout qui renferme les profondeurs de la nature»[41].«[L'enfant] n'est donc pas seulement un être du début mais aussi de la fin. L'être initial était avant l'homme et l'être final est après l'homme»[42]. C'est un retour aux sources et retrouver son âme d'enfant est un idéal susceptible d'être atteint par tout individu quel que puisse être son âge. L'authenticité et la simplicité naturelle qui caractérisent ce premier âge de la vie ne saurait être dépendantes de notre situation dans le temps. A chacun il appartient de retrouver sa jeunesse d'antan. «Malgré votre grand âge, vous avez la fraîcheur d'un enfant» disait avec admiration un maître taoïste à l'un de ses amis. Il faut savoir mûrir et en même temps garder la jeunesse du cœur, ce qu'exprimait bien un philosophe chinois lorsqu'il disait en parlant d'un vieillard «C'était un très jeune homme, il l'est resté, c'est un vieux sage, il l'est devenu».

On pense alors à la religion chrétienne et à la naissance de Jésus, une façon bien spécifique de symboliser le nouvel état de notre âme, celui que le Christ nous invite à conserver jusqu'à la mort quand il dit : « Si vous ne vous retournez pas et si vous ne devenez pas comme les petits enfants vous n'entrerez pas dans le royaume des Cieux. Celui-là donc qui se fera humble comme cet enfant sera le plus grand dans le royaume des Cieux»[43]. Tout comme l'enfant vis à vis de ses parents, chacun doit garder intact en lui cette attitude de confiance et de dépendance envers le Tout Puissant. Conscient d'être humble et impuissant au sein du vaste monde, l'homme doit dominer son orgueil et tenir son cœur ouvert à la Grâce divine. L'art byzantin, dans son idéal de grandeur, a su probablement le mieux exprimer l'idée en montrant au sein de ses mosaïques le Christ enfant tenu par la Vierge, placé dans une position centrale de laquelle émanent puissance et majesté, apanages de sa royauté sur le monde.

Pourtant, ce n'est pas dans le monde d'ici-bas que notre désir de perfection sera comblé, car la pleine réalisation de soi ne peut être possible que dans la mort. Celle-ci ne saurait se réduire à la seule destruction de l'existence humaine, contrairement à ce que l'on a trop tendance à penser dans notre monde matérialiste. Elle représente aussi une révélation et l'introduction à une vie nouvelle, car la grandeur et la noblesse de l'individuation trouvent leur justification dans la porte qu'elle ouvre sur l'éternité. Une telle perspective ne peut se concevoir que si l'on considère l'échéance fatale non comme une fin mais comme une nouvelle condition acquise par la conscience brutalement mise en contact avec des vérités auparavant inaccessibles. L'inconscient, de par son caractère vaste, obscur et paradoxal, est susceptible de proposer à notre esprit une ouverture sur des réalités que notre conscience seule ne saurait être capable de saisir. «L'inconscient semble effectivement, d'après tout ce que nous en savons, constituer une forme de l'existence relativement indépendante des limitations de l'espace et du temps [...] la psyché inconsciente a une extension dont nous ignorons l'ampleur, et elle est probablement porteuse d'un sens plus vaste que celui de la conscience»[44].

Toutes les initiations traversent une phase de mort avant d'ouvrir l'accès à une vie nouvelle. La mort détient une valeur psychologique incontestable. Elle nous délivre de toutes les forces terrestres empêchant notre accomplissement et libère en nous les forces ascensionnelles de l'esprit. A celui ouvert à la vie spirituelle et détaché des contraintes nuisant à son évolution personnelle, elle apporte la fin des soucis et lui fait connaître la vie véritable. C'est la mort mystique dévoilant la lumière, source de félicité et de béatitude.

Une société comme celle des Francs-maçons a su donner l'exemple, dans le parcours proposé à ses membres, des différentes étapes nécessaires à cet accomplissement. Nous l'avons précisé, la pensée de Jung a quelques affinités avec les principes de l'ordre maçonnique. Ses origines l'y prédisposaient puisque son grand-père était franc-maçon. La Franc-maçonnerie ne se préoccupe pas de faire du prosélytisme et se refuse à accroître le nombre de ses adeptes par un recrutement sans aucun discernement. Le néophyte reçu dans une loge maçonnique est soumis au préalable à une succession d'épreuves. C'est réellement un cheminement mystique dans lequel il s'engage, celle du candidat à l'ordre maçonnique au cours des cérémonies formant le prélude à son éventuelle acceptation. Alors qu'il a les yeux bandés lui sont posés les questions destinées à mettre en lumière ses véritables motivations.

On pense à la gnose, ce courant spirituel des premiers âges du christianisme très en honneur dans la pensée de Jung. « Dans la Gnose nous trouvons, il est vrai exprimée grossièrement, la croyance en la puissance de la révélation et de la connaissance personnelles qui manqua aux siècles ultérieurs »[45]. Issu d'un terme grec signifiant « connaissance », il caractérise plusieurs tendances religieuses toutes marquées par un certain mal-être de la part des adeptes, une certaine négation du monde les portant à se détourner du monde terrestre pour tenter de mieux appréhender l'invisible. Pour les autres chrétiens, l'homme est sauvé simplement s'il a la foi. Pour les gnostiques, celle-ci ne suffit pas, il faut qu'il ait la connaissance.

Celle-ci n'est pas acquise une fois pour toute mais est réservée à quelques initiés.

Cet état d'esprit trouve son image dans le temple caractéristique des religions ayant précédées le christianisme, au premier chef le temple égyptien. L'ésotérisme, ce qui demeure mystérieux et caché, en est le caractère le plus approprié. Espace fermé, séparé des profanes par de hauts murs, le temple égyptien présente une succession d'espaces allant en se rétrécissant au fur et à mesure que l'on se déplace vers le fond du sanctuaire. Dans celui-ci, la sella, se trouve la statue du dieu et seuls Pharaon et les prêtres de haut rang y ont accès. Cette conception du temple exprime le parcours de l'initié qui lentement obtient la connaissance.

Le temple de Salomon exprime plus particulièrement cet idéal. On y observe d'abord les colonnes, symboles partout présents dans l'ordre maçonnique. Axe du monde, la colonne impose l'idée de verticalité, fait la liaison entre la Terre et le Ciel, incite chacun à approcher la sagesse divine. Celle-ci est matérialisée dans le monument religieux par la voûte dont la clé symbolise l'aboutissement ultime, l'Etre éternel. Chaque franc-maçon est invité à construire peu à peu son temple intérieur, à acquérir de façon progressive la force d'âme.

C'est la situation de l'initié qui toujours se dépouille un peu plus de ce qui n'est pas essentiel en lui-même pour s'acheminer vers la connaissance de la vérité. Admis dans l'ordre maçonnique, le parcours de l'apprenti sera jalonné de différents rituels, autant d'étapes marquant son passage aux grades successifs. Son initiation au grade de maître le fera pleinement accéder à la compréhension du mystère qu'il n'a fait qu'entrevoir à son entrée dans la franc-maçonnerie.

CH. 2   SPIRITUALITÉ ET MONDE MODERNE.

Toute société humaine obéit à des valeurs, fruit d'une culture élaborée peu à peu au cours du temps. Or, il se trouve que les principes auxquelles souscrit notre époque, ceux qui caractérisent le monde moderne et dont on retrouve la trace partout sur la planète, sont issus de la civilisation occidentale.

Forte de l'avance qu'elle avait acquise dans les domaines techniques, scientifiques et administratifs, l'Europe a imposé une supériorité de fait aux autres continents et avec elle des valeurs axées sur la communication, l'action, une volonté de changement et de progrès, un certain système de pensée, des nouveautés qui ont tant soit peu tendu à uniformiser notre monde. Quels que puissent être les civilisations et les cultures qui se sont développée au sein de l'humanité force leur a été d'accepter la confrontation avec les valeurs européennes, base et substance du monde actuelle.

Aussi convient-il de se pencher sur celles-ci afin de déterminer les sources culturelles et les motivations profondes qui les ont générées. On voit alors qu'une composante fondamentale de la civilisation occidentale est l'héritage du Christianisme. Que celui-ci soit encensé ou condamné il reste une marque indélébile de notre culture, de notre logique et de notre manière de penser. La spiritualité qui en émane, définissant notre appréhension de nous-mêmes et nos rapports avec le monde, a ainsi influencé notre morale ainsi que toutes les règles régissant notre organisation sociale.

Or, la religion chrétienne, dans le prolongement du Judaïsme, a pour fondement la Révélation de Dieu, principe ultime de toute chose, dont les manifestations nous sont relatées par la Bible et qui ont fait l'objet d'un dogme affiné par les réflexions des théologiens. Il n'existe qu'un seul Dieu, source de vie, et Il se révèle à tout homme. A l'instar du buisson ardent s'imposant à Moïse, Il est le feu central qui anime notre être et que Jung a assimilé au Soi. Toute tentative pour communier avec Dieu met en valeur un désir de perfection humaine.

Dieu a créé l'homme à son image, telle est la croyance qui s'est imposée à l'esprit des chrétiens et qui montre le rapport intime existant entre le Créateur et Sa créature. La perfection est dans l'homme et c'est en s'efforçant de la trouver que ce dernier donne un sens à sa vie. Les textes de l'Ancien Testament puis ceux du Nouveau Testament n'ont pas d'autres objets que de montrer l'être humain dans sa relation avec l'Absolu. Le bien et le mal qui le sollicitent tour à tour n'acquièrent leur réalité qu'en fonction de cette volonté supérieure. Ainsi l'homme est-il la préoccupation essentielle du monde occidental et la justification principale de ses valeurs. Déjà la Grèce avait tenté de promouvoir l'être humain en définissant sa juste place dans le monde et envers la divinité, amenant ses philosophes à réfléchir sur ses rapports avec la nature et la vie politique. L'homme s'étudie lui-même et tire de lui seul les ressources pour se comprendre et définir les lois du Destin. Le Christianisme, tout en rompant avec la pensée hellénique, n'en a pas moins prolongé cet effort en faisant de l'homme l'image du Créateur.

Cette tendance à mettre au premier plan le rapport existant entre Dieu et Sa créature a entraîné de nouvelles orientations dans la psychologie humaine. Ayant étudié avec attention les nombreuses spiritualités du monde, Jung a été frappé par l'ambiguïté qui relevait du message chrétien. Cette volonté de superposer Dieu au polythéisme des traditions antérieures a créé de nouveaux rapports entre l'âme et la divinité. La façon dont Dieu a été progressivement perçu par les chrétiens a été à la source de comportements nouveaux dans les mentalités de l'homme occidental. C'est un domaine où la psychologie des profondeurs a des conceptions spécifiques et il existe entre elle et la religion officielle une marge bien établie. Précisément, le psychologue zurichois a affirmé sa distance entre lui et le christianisme dans la mesure où il a tenté de savoir si toutes les richesses de l'inconscient collectif se trouvaient correctement exprimées par la nouvelle religion.

Le mystère chrétien

Ses voyages, la découverte et l'étude approfondie des différentes religions existant sur la planète avaient donné à Jung une culture religieuse très vaste, source chez lui d'une largeur de vue incontestable envers toutes les spiritualités animant l'âme humaine dans les diverses régions du globe. La conception qu'il développa quant à l'inconscient collectif lui faisait considérer avec la même objectivité les images et les symboles ayant cours dans les nombreuses cultures du monde. Aussi, ses idées religieuses personnelles dépassaient-elles de très loin le cadre étroit de l'univers spirituel duquel, en tant qu'européen, il était tenant.

Malgré tout, il reste que c'est dans une société de culture chrétienne qu'il naquit, grandit et forma son esprit. Son père était pasteur et d'une manière ou d'une autre le christianisme eut son rôle à jouer dans la formation de sa personnalité. Devenu psychanalyste et confronté aux problèmes psychologiques de ses patients, il eut à composer avec la religion. Il est indispensable de mettre en lumière la nature profonde et essentielle de celle dont son éducation fut tributaire, la foi chrétienne, car elle permet de donner des éléments déterminants sur l'essence de sa pensée.

Jung était protestant. Il n'en eut pas moins à l'égard de sa religion d'origine certaines libertés et n'hésita pas à se montrer critique envers elle. En fait, il gardait son indépendance d'esprit vis à vis de toutes les croyances, ce qui en des temps moins faciles l'eut probablement envoyé au bûcher. Il avait sa religion personnelle, chose guère étonnante si l'on considère les nombreuses cultures qu'il eut à connaître et le savoir étendu qui fut le sien. Ainsi développa-t-il à partir de la spiritualité chrétienne des conceptions très pertinentes sur la nature de l'âme, son devenir et la façon d'appréhender son comportement au mieux d'elle-même.

Au christianisme il reconnaissait des vertus incontestables, par exemple le rôle primordial qu'il avait détenu dans l'acculturation progressive de l'homme occidental. « En tant que phénomène psychologique, le christianisme est à l'origine d'un progrès considérable du développement de la conscience »[1]. Dans le cadre de la religion chrétienne, l'homme européen avait peu à peu évolué et en était venu à développer en lui une éthique plaçant très haut sa conception du bien et du mal. Certes, ce nouvel état ne s'était pas imposé à lui immédiatement. Il était arrivé même que la défense de la religion ait provoqué chez lui les pires violences et ignominies, comme le prouvent les excès de l'inquisition. Finalement, sa mentalité, son comportement à l'égard d'autrui, son idée de la morale s'en était trouvés grandis, ce en grande partie grâce au nouveau culte, à la volonté d'amour et de charité qui s'en était dégagée, issue de ce Dieu tout puissant dont il avait eu au départ la révélation.

Le culte du dieu unique

Monothéisme et âme humaine

Religion monothéiste, le judéo-christianisme n'innova pas pour autant dans le culte de la divinité unique car depuis longtemps, l'humanité était à la recherche de Dieu, toujours latent au plus profond de l'âme humaine. Dans les livres sacrés de l'Iran, de l'Inde et de l'Égypte on trouve déjà la notion d'une vérité centrale, celle d'un principe immatériel lié à la connaissance d'un dieu suprême et absolu, ce qui montre qu'avant même la mission d'Israël, des peuples en avaient déjà eu la prémonition. Mais ce savoir spirituel restait une doctrine ésotérique, se tenait confiné dans les temples, au sein de mystères dont les seuls dépositaires étaient les prêtres, et nuls hormis eux n'en devaient connaître le secret.

Ce fut au peuple hébreu qu'échut le rôle de rendre universelle la croyance en un seul dieu en la rendant présente et accessible dans le cœur de chacun. Ainsi n'était-elle plus le fait d'une minorité d'esprits initiés mais était devenu une croyance que toute personne pouvait faire sienne et adopter comme un moyen d'élévation spirituel. L'Ancien Testament est à ce titre caractéristique. On y découvre les relations souvent tumultueuses que l'homme entretient avec Dieu. Dans la Bible, l'existence du Très-Haut est clairement affirmée, se laisse découvrir de façon progressive, avec lenteur et aussi parfois avec régression. En ce sens l'Ancien Testament est une mystique. Par des expériences successives avec Dieu, l'homme chemine en son âme et, se confrontant avec lui-même, prend peu à peu conscience de sa nature véritable. Dans ses rapports avec le Tout puissant, il connaît des phases de progrès mais aussi de régression, cette découverte ne s'accomplissant pas sans heurts et conflits intérieurs.

La relation avec le Seigneur suppose précisément une lutte menée par chacun à l'intérieur de lui-même. En chaque homme existent une nature divine et une nature humaine et l'âme se cherche en étant tiraillée dans les deux sens. Selon que l'on sacrifie tout à l'idéal le plus pur ou que l'on cède aux plaisirs matériels, c'est l'une ou l'autre direction qui prendra le pas dans la vie. Avant d'aller conquérir la toison d'or, il y eut un moment où Jason n'avait qu'une sandale, ce qui faisait de lui un boiteux soumis aux contraintes d'ici-bas. Telle est l'image de la faiblesse humaine, l'homme esclave des forces terrestres, et c'est entre ces dernières et Dieu qu'il lui faut acquérir sa personnalité.

L'épisode de la lutte entre Jacob et l'ange symbolise précisément ce déchirement qui se produit en l'individu dans sa relation avec le Ciel, témoigne du conflit dont l'âme humaine est le théâtre. La première partie de sa vie, Jacob la consacra à éprouver chez Laban le monde des sens et tout ce que celui-ci pouvait comporter tant de magnifique que de douloureux. Passée cette étape, il était prêt pour sa suprême confrontation avec ce qui était bien plus grand que son existence terrestre et toutes ses vanités. Le nouveau nom d'Israël, soit « la perfection », qui lui fut alors donné par le Seigneur à l'issue du combat engagé avec Lui couronne son effort contre lui-même. Après avoir éprouvé le besoin de trouver Dieu et de Le regarder en face, il a livré son âme à une tension continuelle la tiraillant entre le Ciel et la terre. Se refusant à céder aux facilités de l'existence, tous les intérêts égoïstes faisant de lui un médiocre et un faible, il a tenté de trouver un idéal plus noble en donnant satisfaction à son désir d'absolu. Finalement, le combat personnel aboutit à un compromis entre soi et Dieu, base du nouvel état acquis par l'homme. Par cette conclusion, Jacob a accepté de se soumettre à la volonté divine sans pour autant se couper du monde terrestre, et c'est là que doit résider le sens profond de notre communion avec le Très-Haut. Il nous faut tendre vers la perfection, tout en restant relié par l'esprit et par le cœur au monde de la terre, à la nature et à nos semblables. La lutte menée par Jacob contre l'ange résume à elle seule tout le message de l'Ancien Testament, ce constant dialogue entre l'homme et Dieu qui par ses avances et ses reculs fait en définitive évoluer l'être humain dans la connaissance de son âme et apparaît comme une trame continue au bout de laquelle l'homme obtient une nouvelle conscience. Celle-ci ne peut provenir que du Soi, ce foyer central auquel aboutissent toutes nos aspirations. Pour éviter de se laisser subjuguer par cette puissance, il ne faut pas se laisser vaincre et dominer par l'ange, mais plutôt trouver avec lui un accord, celui par lequel Jacob fut transformé.

La puissance qu'exercent sur l'homme les attraits du monde nous est montrée par un autre épisode de la Bible. On trouve dans les Saintes Ecritures un récit bien caractéristique puisqu'il illustre parfaitement ce dilemme connu par l'homme. Se croyant abandonné par Moïse, le peuple hébreu exigea d'Aaron qu'il lui façonne un veau d'or, dieu visible sur lequel il pourrait reporter ses adorations. Par là, il cédait aux tentations terrestres en se détournant de la volonté divine. C'est à une attitude similaire que s'opposera plus tard la colère du Christ lorsqu'il chassera les marchands du temple. L'idole représentée par le veau d'or exerçait sur les hommes une influence coupée de toute origine céleste, l'image du caractère nocif détenu par les fausses valeurs desquelles il arrive trop souvent que l'homme soit victime, l'ambition, le culte de l'argent, l'importance des intérêts matériels, toutes choses propre à le détourner de ce qui sur terre demeure simple et authentique. Sacrifier aux idoles est aussi le fait de celui qui se laisse fasciner par les idéologies prometteuses du paradis sur terre ou qui cède à l'attrait du matérialisme représenté par la science n'ayant d'autre fin qu'elle-même. Sollicité par le Ciel et la Terre, pris entre le spirituel et le matériel, l'homme vit de toute son âme, donne la possibilité à son inconscient de s'exprimer et à toutes les forces qui y reposent d'être exhumées.

Tels sont la conquête du peuple juif dans le domaine spirituel et le caractère incontestablement novateur de son monothéisme face aux religions polythéistes des peuples qui l'environnaient. Si l'on se place du point de vue du nouveau culte, la multiplicité des dieux qui était leur fait était source d'une dispersion des aspirations humaines. Tout au plus, leur rôle principal était-il de soumettre l'homme à un ordre qu'il se devait de respecter, aux lois duquel il lui fallait obéir. Leur vocation était essentiellement d'être les gardiennes de cet univers. Même Zeus le dieu souverain de la mythologie grecque ne saurait se comparer au dieu unique du judéo-christianisme. Dieu-roi organisateur du monde, il ne fait qu'incarner une autorité à laquelle tous doivent se soumettre, un autocrate intransigeant qui maintient un équilibre qu'il faut respecter. En aucun cas, il ne peut y avoir une alliance entre lui et les hommes, des marionnettes dont il fixe le destin. Déjà en Égypte étaient connues ces deux conceptions religieuses qu'incarnaient d'une part le culte officiel et toutes ses divinités à l'aspect animale, d'autre part la religion monothéiste du pharaon hérétique en faveur du dieu Aton, dieu mystique se révélant à l'homme. Avec l'avènement du monothéisme dans le monde hébreux, l'homme a aussi affaire à un Dieu universel et éternel qui veut que Sa créature Le connaisse et participe de Sa vie, non de façon servile en sujet dominé mais par une intériorisation du mystère divin en sa personne. Son essence est celle d'un Dieu transcendant en ce sens que, tel l'arc-en-ciel descendant sur la terre, il descend en l'homme afin d'éprouver son âme et l'élever vers la perfection.

Tout ce qui existe dans le monde d'ici-bas reste relatif à Dieu car Lui seul est indépendant et absolu. L'homme en lui-même est un mystère car il ignore la nature profonde et véritable de l'Etre dont il participe. Aussi est-il poussé à s'interroger sans cesse sur lui-même dans la mesure où il ne peut jamais réussir à se connaître totalement puisqu'il n'existe que par rapport à Dieu demeuré à jamais insondable. De fait, sa vie entière n'est qu'un effort pour pénétrer un peu plus la présence divine qui réside en lui. Le monothéisme fait en sorte que toutes les intentions humaines se ramènent à une seule réalité et s'en trouvent valorisées d'autant. Les différentes attitudes et actions personnelles se réfèrent à elle pour peu qu'elles veulent avoir un sens. L'idée d'absolu s'impose à chaque homme et lui dicte son devoir à chaque étape de son existence. Certes, il s'en faut de beaucoup que sa personnalité ait acquise la force d'âme émanant de cette lumière car il faut une longue maturité pour y parvenir. Mais un point de référence unique existe par lequel un nouvel élan est insufflé à l'âme, donnant à celle-ci vie et autonomie. Présence supérieure installée au cœur de Sa créature, Dieu permet un notable progrès de la conscience, fait acquérir à l'homme la profonde unité qui lui faisait défaut dans les religions polythéistes. Du fait qu'il se réfère à Lui, son âme s'en trouve unifiée dans la force et la sérénité.

On conçoit la révolution spirituelle opérée par l'avènement du monothéisme dans la vie religieuse humaine. Dieu, à Qui n'avait accès jusque là qu'une minorité d'élus, devenait tout d'un coup l'objet d'adoration de la multitude, était brutalement mis à la portée de chacun, quelle que puisse être sa maturité personnelle. En même temps, il pouvait occasionner de graves dangers dans la définition de la conduite humaine. Aussi est-il bien compréhensible qu'il ait fallu si longtemps à l'homme pour en arriver là et qu'une initiation ait toujours été nécessaire pour avoir accès à ce mystère. Au sein du continent africain, les peuples dits primitifs savaient qu'au dessus de tous les esprits base de leur vie religieuse, existait un dieu suprême régissant l'univers. Mais en raison de sa puissance et du dédain qu'il avait de l'humanité, il restait volontairement à l'écart de la vie terrestre et l'on trouvait même peu souhaitable de l'invoquer tant on redoutait son pouvoir sur l'âme humaine. De tout temps présent au fond des consciences, Dieu était ainsi toujours demeuré lointain et distant. Aussi, tout en ayant la connaissance de son existence convenait-il d'en rester éloigné, ce qui donne tout son sens à la rencontre dont fit l'objet le peuple hébreu.

Dieu est une réalité bien difficile à saisir, comportant des risques conséquents pour la liberté humaine et l'indépendance personnelle, un idéal auquel les mystiques ne parvenaient qu'après s'être patiemment initiés. Sans pour autant le faire tomber dans un état de folie totale, le Tout puissant pouvait exercer la plus terrible des tyrannies sur des âmes non préparées et faire courir un grand danger à des hommes mis brutalement en Sa présence. S'ils n'ont pas la lucidité nécessaire pour assumer la nouvelle responsabilité dont ils sont investis, ils encourent le risque de se laisser dominer par cette force et de se laisser aller aux comportements incontrôlés, ainsi que l'inquisition ou les guerres saintes de toute nature en ont donné le triste spectacle. « Dieu avec nous » telle était l'idée mobilisant les énergies et, par Sa Révélation, le Très-Haut avait accordé la liberté à un être qui n'avait pas toujours su en user avec mesure.

Le culte voué à un dieu unique encourt le risque de justifier l'existence d'un peuple élu, dans une image déformée du message de l'Ancien Testament. Dans quelle mesure pourrait résister à la tentation de se croire tel une nation en pleine croissance et décider à mobiliser ses énergies dans un but d'agrandissement et de domination ? Ce fut l'expérience connue par les cavaliers du prophète lancés à la conquête du monde au nom du tout puissant Allah. D'autres communautés ont été au cours de l'Histoire victimes du même mirage. La foi en une divinité unique, si elle n'est pas suffisamment intériorisée pour permettre l'épanouissement personnel, peut pervertir l'individu en le fondant dans la masse et lui faire accomplir des actes en deçà de la vie consciente.

C'est ce qui explique que les hommes aient longtemps préféré se tourner vers les divinités d'antan. Au lieu d'*un* Dieu éternel, cause et fin de toutes choses, leur étaient proposés *des* dieux, ceux propres à combler leurs aspirations et à répondre à leurs préoccupations intimes. Ainsi s'exprimait Jung sur l'opposition existant entre les deux formes de croyance : « Notre véritable religion est un monothéisme de la conscience, un état de possession par la conscience accompagnée d'une négation fanatique de l'existence de systèmes fragmentaires autonomes »[2]. La croyance aux immortels avait pour avantage une expression plus large et plus complète de la nature humaine. Une pluralité de dieux rendait plus aisée l'accession aux mythes issus de l'inconscient. De par leur diversité, les croyances polythéistes, sous-tendues par des rites appropriés, plaçaient l'homme dans un ensemble de traditions qui, si elles délimitaient strictement sa liberté, le sécurisaient en empêchant l'expression incontrôlée de sa volonté. Du reste, Jung le remarque, les anciennes divinités s'imposent encore dans certains usages de notre civilisation. La dénomination des jours de la semaine est là pour rappeler leur caractère toujours présent: Mardi, jour de Mars ; Mercredi, jour de Mercure ; Jeudi, jour de Jupiter. Si les puissances évoquées sont celles de la mythologie gréco-latine, le monde anglo-saxon, lui, se rattache aux souvenirs des dieux nordiques comme on le voit dans la langue anglaise : *Tuesday*, jour de Tyr ; *Wednesday*, jour de Odin ; *Thursday*, jour de Thor ; *Friday*, jour de Frigga. Une telle pratique rend ainsi compte de l'influence toujours forte des traditions polythéistes sur l'âme humaine. En rendant à certains égards plus difficile l'acquisition de ces richesses, le monothéisme pouvait favoriser chez l'homme une scission de son esprit. Pour cette raison, certains ont dit que Jung était nostalgique du paganisme car il existait dans son œuvre une certaine ambiguïté quant à la nature de la divinité à laquelle l'âme devait répondre. En fait, notre psychologue restait chrétien, mais il tempérait son adhésion à la croyance reconnue par des convictions qui lui étaient propres en tant qu'elles étaient le fruit de son expérience personnelle. Il affirmait : « Notre évolution naturelle en Europe occidentale fut brisée par une psychologie et une spiritualité qui s'était développées à partir d'une civilisation plus élevée que la nôtre. Nous avons été interrompus au tout début alors que nos croyances traduisaient encore un polythéisme barbare, et ces croyances furent refoulées sous terre et y sont restées depuis deux mille ans. C'est, je crois, ce qui explique la cassure qui se rencontre dans l'esprit occidental »[3].

Un changement aussi brutal demandait à être patiemment assimilé par les esprits. La relation avec Dieu était toujours difficile, et c'est la raison pour laquelle le culte des saints connut une telle importance au Moyen Age. Il fallait ménager des étapes pour faciliter la progression de chacun sur le chemin de la connaissance supérieure. Aussi la tradition catholique permit-elle à chaque homme de passer par la personnalité charismatique de son choix pour pénétrer plus avant le mystère divin, une manière de renouer avec les religions taxées de païennes par les chrétiens. Finalement, on réalise que la relation avec le Tout puissant supposait chez l'homme humilité, sens du discernement, constante remise en question. Cette injonction était exprimée par les croyants quand ils soutenaient que « Les voies de Dieu sont impénétrables ». Ils signifiaient par-là que jamais la créature humaine n'a fini de sonder la volonté de Dieu et que toujours il lui faut approcher Ses desseins en cherchant plus loin en son âme.

La foi

Nonobstant tous ces périls, et si l'on prend acte de la nouvelle jeunesse apportée à la conscience par la croyance en Dieu, on relève qu'une telle dignité acquise par l'être humain va nécessairement de pair avec cette puissance impérieuse qui l'anime et qui s'appelle la foi.

On commettrait une erreur si l'on confondait celle-ci avec les croyances antérieures au monothéisme. Ces dernières venaient du fond de l'âme et s'imposaient à la conscience humaine comme des forces puissantes qu'il lui fallait assimiler. Elles représentaient une tradition nous venant du fond des âges que l'on accepte avec une certaine passivité même si celle-ci vise à être dépassée par son intégration à notre personne. Mais la foi va plus loin en ce qu'elle en appelle à la volonté humaine et lui impose un choix. Exigeant aussi une démarche de l'intelligence, elle procure à l'homme la force et l'unité que seul le sentiment de Dieu lui permet d'acquérir. La foi ne peut venir que de l'homme qui a su distinguer sa nature de celle du monde animal et primitif sans pour autant s'en être séparé, autrement dit qui a su prendre conscience de sa juste place entre l'animal et Dieu.

Quand elle est correctement assumée, elle permet à l'homme de mettre sa liberté sur un plan très élevé. Il faut pour cela qu'elle n'atrophie pas sa conscience mais au contraire l'enrichisse de façon à ce qu'elle puisse exprimer toutes ses virtualités. On a coutume de dire généralement que la foi soulève des montagnes. Précisément, la force qu'elle est supposée donner à l'homme permet à celui-ci d'accomplir les plus grandes choses. Cette énergie, c'est en lui-même qu'il la trouve, dans toutes les puissances dont Jung affirme la présence dans l'inconscient collectif et qui se sont imposées à l'homme sous forme de mythes. Dans la foi elles trouvent leur ferment d'unité et exercent leur influence pour le plus grand bien de l'âme de l'individu. Là se comble le fossé qui existait au départ entre foi et croyances dans la mesure où ces dernières sont orientées à seule fin de donner une direction précise à la liberté humaine. La différence entre polythéisme et monothéisme connaît alors une résolution qui trouve son sens dans une unification plus complète de la psychologie humaine. Tout l'Ancien Testament est là pour témoigner de cette vitalité de la foi et comment, dans les relations qu'il entretient avec son Créateur, l'homme trouve en lui les forces nécessaires à son accomplissement.

Cette force, il devait appartenir à un homme, Abraham, de l'éprouver une première fois pour ensuite la transmettre à ses semblables. Né en Mésopotamie dans la ville d'Ur, au sein d'une région vouée de tout temps aux croyances polythéistes, Abraham ressentit brusquement en lui l'appel de Dieu lui ordonnant de tout quitter pour tenter l'aventure dans un pays inconnu. Par la seule force de la foi, il put trouver en lui la volonté nécessaire à la réalisation de la mission dont il était subitement investi. Refusant d'obéir aux traditions et de céder au conformisme, il s'est lancé dans une entreprise dont il méconnaissait l'issue, susceptibles d'avoir des conséquences qu'il ne pouvait prévoir. Il a refusé la facilité donnée par le respect des usages reconnus pour rechercher une expérience nouvelle propre à lui apporter une autre maturité. Le goût du risque et de l'imprévisible fut toujours l'apanage des fortes personnalités. C'est quand celles-ci sont animées par la foi qu'elles vont jusqu'au bout de leur destinée. L'histoire d'Abraham nous montre ce qu'elle peut apporter à l'homme, force morale et profond sentiment de sécurité. Source de sagesse et de connaissance, la foi représente un effort personnel impliquant patience et confiance dans le Créateur, donne un nouvel élan à la vie humaine. Jung estime qu'à chacun elle est occasion de s'accomplir puisque elle correspond au sentiment de la présence de Dieu en nous et comme tel tire sa source de notre Soi.

Avec le cas d'Abraham, on perçoit que le lent cheminement sur le chemin nous conduisant vers le Tout puissant auquel nous convie l'Ancien Testament est une façon de décrire toutes les contradictions et toute la complexité de la foi. Dans ses rapports avec Dieu, l'homme acquiert ses valeurs. Celles-ci s'imposent à lui, non de manière abstraite à un être isolé, mais dans sa confrontation avec le monde. La rencontre avec ses semblables sous l'œil de Dieu lui offre l'enseignement le plus riche sur ses devoirs et le sens de son existence et, à ce titre, le mythe des frères ennemis lui permet de jeter un regard sur lui-même. Caïn tuant Abel, le mal auquel l'homme est subitement en proie le met en vis-à-vis avec sa conscience. Plus tard, c'est dans la division entre les deux fils d'Abraham, celui légitime et celui naturel, puis dans la dispute entre Jacob et Esaü, enfin dans le drame opposant Joseph à ses frères, que se décidera le destin du peuple hébreux. L'homme opposé à l'homme, le peuple d'Israël opposé aux autres peuples, dans tous ces mouvements l'être humain prend la mesure de sa relation avec Dieu, avec ce foyer central et spirituel où s'équilibrent conscience et inconscient. Une dimension encore plus haute donnée à cet idéal s'exprime dans le rapport profond qu'il entretient avec la terre. C'est dans la recherche de la terre promise, centre spirituel, reflet du paradis perdu, que l'homme, représenté dans la Bible par le peuple hébreu, trouvera son accord avec lui-même. Elle apparaît tel un rêve merveilleux sollicitant son cœur, donnant tout son dynamisme à sa quête. Il ne fait qu'un avec la terre nourricière à laquelle il est attaché comme à la mère qui l'a engendré. Quand il cherche à la conquérir il ne fait que suivre le désir d'enracinement caractérisant tant la nature humaine. Les yeux tournés vers le ciel mais rivé à la terre, l'homme éprouve entre l'un et l'autre sa foi envers le Tout puissant.

Ainsi s'exerce en nous une force que l'on se doit de canaliser pour se réaliser pleinement. Si au contraire l'on ne peut la dominer elle peut nous posséder de façon non contrôlée. Prisonniers des traditions et des préjugés émanant de notre milieu, nous tendons alors à remettre en cause le monde, voire à le détruire, au lieu de travailler à notre construction personnelle. Mais si nous sommes forts, la foi rend vivant Dieu en nous, nous aide à nous chercher et à choisir notre voie sans pour autant être en rupture avec l'univers. Son rôle est de nous introduire sur le chemin menant au feu permanent vers lequel tendent nos aspirations. Dans le labyrinthe où nous sommes engagés, nous connaissons maints succès et maints revers, mais toujours la foi nous oblige à garder les yeux ouverts droit devant vers ce lieu mystérieux que même la mort ne peut abolir. L'homme qui a la foi n'accordera qu'une importance toute relative à des idéaux comme la réussite sociale, les honneurs et les titres, toutes valeurs apparaissant bien mesquines en regard de l'éternité. Depuis longtemps les peintres en Occident se sont efforcés de montrer des « vanités », soit faire l'étalage devant les yeux du spectateurs de tout ce qui demeure ici-bas éphémère et illusoire : un compas ou quelque autre instrument de mesure représentant la science; un livre, image de l'intellect qui pense pouvoir trouver à lui seul la vérité ; un crâne, symbole de la mort inéluctable et de la fugacité de l'existence. En définitive, on réalise que tout ce qui nous arrive en ce monde et que l'on considère comme autant de bienfaits pour soi joue finalement un piètre rôle dans notre réalisation personnelle. On s'égarerait à considérer qu'un acquis matériel pourrait combler durablement nos aspirations. « Mon royaume n'est pas de ce monde » disait Jésus. La foi nous en fait prendre conscience et nous tourne vers un ailleurs guidant nos espoirs. « La fidélité à sa propre loi est confiance en cette loi, persistance loyale et espérance confiante, attitude, par conséquent, comme celle que doit avoir l'homme religieux à l'égard de Dieu »[4]. Ainsi saisit-on tout ce que la foi peut représenter pour l'être humain, la grandeur qu'elle peut lui faire connaître. Intimement liée à sa nature, elle est un état et une action donnant à l'existence force et authenticité et, comme telle, demeure un acte individuel par lequel s'exprime l'âme humaine. Justifiant sa vocation, elle exige de sa part l'engagement de son cœur et de sa vie, « l'appel de Dieu qui surprend l'homme dans sa tâche quotidienne pour l'entraîner dans un lieu dont Il se réserve à Lui seul le secret »[5].

Une telle attitude suppose un caractère bien trempé, qualité qui fut exigé des hébreux en la personne de Moïse. La mission, à lui dévolue, fut d'être un intermédiaire entre Dieu et son peuple, autrement dit d'assurer l'équilibre entre la nécessité d'obéir à l'appel divin qui le sollicitait et le poids de toutes les tentations matérielles auquel il était soumis. Ainsi concrétisait-il la lutte entre Jacob et l'ange. Moïse sait que son peuple est en proie aux jouissances terrestres, désire posséder des biens matériels. Tentant de le ramener vers Dieu, il résiste au Tout puissant, essaye d'obtenir pour lui le pardon des pêchés et la victoire sur les ennemis, apporte de cette manière aux hommes la connaissance. Celle-ci leur est donnée par la Loi, couronnement de l'œuvre de Moïse, résultat de l'alliance entre Dieu et les Hébreux. La Loi est un contrat entre deux partenaires qui vont chacun à la rencontre l'un de l'autre. En échange de Son aide et de Sa protection, Dieu demande aux hommes de Lui rester fidèles et de suivre Ses commandements. Par l'observance de la Loi, ils sont initiés à Son mystère.

Cette relation entre Dieu et Sa créature s'exprime avec une intensité très aiguë dans le livre de Job. A juste titre Jung s'est intéressé au personnage car avec lui, l'Ancien Testament tente d'enraciner le mystère de Dieu dans le cœur de l'homme jusque dans la souffrance que celui-ci peut connaître. Personnage biblique passant pour avoir vécu entre Abraham et Moïse, Job était un homme puissant, riche et comblé. Sur l'influence de

Satan le Seigneur décida de l'accabler de tous les maux afin de l'éprouver et le fit passer de la plus grande prospérité à la plus extrême misère. Or Job était intègre et éloigné de tout mal. Loin de s'irriter contre Dieu il bénit son malheur dans ses afflictions malgré les reproches de sa femme qui le poussait à Le maudire et tout en affirmant son innocence. Ainsi mérita-t-il que la Providence lui rende beaucoup par sa sublime résignation. « Dieu me l'a donné, Dieu me l'a ôté. Que le nom du Seigneur soit béni », dit-il.

L'exemple de Job pousse très loin le message de l'Ancien Testament. Sa souffrance imméritée lui fait remettre en question sa foi car, bien que juste, il n'en a pas moins été accablé par le malheur. Son épreuve dans la douleur fait le lien avec les Evangiles et annonce les souffrances du Christ. Job évoque la patience endurée par l'homme dans la souffrance, celui qui, ne connaissant pas le doute face à la pauvreté spirituelle de ses semblables, pénètre profondément dans le mystère de la foi. Il avait beau être un homme de bien, tant qu'il n'avait pas été en proie aux tourments, il ne pouvait réellement approcher la vérité. Toujours lui restaient des défauts cachés, l'orgueil au premier plan, qui à tout moment pouvaient se manifester. Aussi l'épreuve qui lui fut imposée eut-elle pour lui valeur de révélation en lui faisant obtenir la connaissance et en le purifiant de ses faiblesses. Constant dans l'adversité, il sut que la seule réponse au malheur était une confiance sans réserve placée dans les desseins mystérieux de l'Eternel.

Le drame de Job n'en montre pas moins la limite existant chez l'homme dans la connaissance de Dieu. Certes, par Ses prophètes le Tout puissant lui avait réellement adressé la parole en l'appelant au dialogue. Mais l'Ancien Testament ne pouvait dire jusqu'où devait aller ce dialogue, jusqu'à quel engagement il impliquait de Sa part, et quelle réponse il supposait chez l'homme. S'il était fait un devoir à celui-ci d'obéir à des préceptes sanctifiés par la volonté divine, une faiblesse résidait dans cette injonction, car la présence introduite en lui par la Loi gardait un caractère extérieur et superficiel. Si elle n'aboutissait pas à un effort personnel sur soi, elle pouvait tourner à un conformisme étroit, une installation facile dans un respect des valeurs morales et sociales pouvant très vite se révéler désuet et inadapté. Toutes les règles religieuses ou civiles pouvaient être mises sur le même pied d'égalité car était absente leur harmonie autour d'un feu central propre à leur donner leur sens véritable et appeler leur transformation. Finalement, la Loi trouvait ses limites dans la barrière qu'elle mettait au développement de la liberté humaine à laquelle manquait une définition précise.

Il a toujours été dans la nature des lois de freiner l'exercice de la liberté. En Occident, l'histoire de la civilisation a vu cette dernière s'étendre progressivement dans tous les domaines: la liberté religieuse avec la Réforme, la liberté scientifique avec Galilée, la liberté de la pensée avec le siècle des Lumières, la liberté politique avec la Révolution. Avec la démocratie, la loi fut déconsidérée pour ne plus apparaître que comme une règle imposée. Tel était peu ou prou l'état d'esprit des premiers chrétiens quand ils considéraient que, dans sa volonté d'énoncer les différents maux à éviter, la Loi divine ne faisait que favoriser leur extension en en faisant des objets de tentation et accroissait ainsi le risque de pêcher. Aussi, Saint Augustin estimait-il qu'elle n'agissait que de l'extérieur en suggérant le désir de conversion et n'avait pas d'influence réelle dans le salut personnel.

Dans le destin que Job se vit imposé par Dieu apparaît le caractère non achevé de la Loi car celle-ci s'abstient de donner au personnage la réponse que son cœur lui demande. Jung considérait que l'attitude de Dieu frappant Job du malheur restait incompréhensible car, juste et pieux, il n'avait rien fait qui mérita ce destin. Par sa splendide résignation, le psychologue zurichois estimait donc Job supérieur au Créateur dans la mesure où Il avait ignoré sa dignité humaine. Et Jung de souligner la « conscience inférieure » du Très haut, soit « Son absence de réflexion et Son manque de considération pour Son savoir absolu », source d'« inconscience » et d'« irresponsabilité »[6]. Bien au contraire, l'épreuve connue par Job avait conféré à celui-ci une très haute tenue morale. Son acceptation de la souffrance avait permis un progrès notable de sa conscience et en cette occasion « la créature avait dépassé le Créateur »[7]. Notre psychologue voyait là une limite dans la relation de l'homme avec Dieu, susceptible d'hypothéquer le devenir de l'âme.

L'épisode nous fait percevoir le fossé séparant les deux Testaments, l'ancienne et la nouvelle Alliance. Malgré toutes les rencontres où Il communique avec les hommes par l'intermédiaire des prophètes, Dieu reste encore éloigné d'eux et la distance est toujours grande entre Lui et Sa créature. Nous est encore caché un mystère qu'Il ne nous a pas encore dévoilé. Même si le judaïsme a pressenti l'Amour entre Dieu et les hommes il ne s'agissait encore que d'un langage purement humain, de simples échanges. Si le Tout puissant S'était révélé à l'homme par une série d'initiatives auxquelles celui-ci avait répondu ou non, il y manquait chez Lui un acte décisif propre à Le faire entrer définitivement dans l'âme humaine. Là résidait le problème de l'écart existant entre les deux partenaires, celui auquel se sont heurtées les diverses religions qui ont tâtonné pour le résoudre et décider aussi justement que possible où placer la séparation. Jusqu'où pouvait aller Dieu dans sa volonté de communier avec l'homme, de s'abaisser, Lui, si pur et si grand à aller vers l'homme, si pêcheur et si misérable ? Ce fossé, l'Islam a tendu à le rendre infranchissable en considérant Dieu absolument inaccessible aux fidèles, très au dessus d'eux, un maître auquel on doit se soumettre, et s'est refusé à faire de Lui un père aimant ses enfants, pour lui scandaleux manque de respect. Le judaïsme, malgré ses limites, n'en a pas moins eu le désir de Le décrire comme l'amant de Sa créature, ainsi qu'en témoigne le texte d'Isaïe.

Mais c'est avec le christianisme, religion qui a su aller très loin dans son désir de communion avec le Très-Haut, que Dieu a manifesté Son plus parfait amour et déposer Son secret dans le cœur de l'homme.

Christ et intériorité

Le mystère qui subsistait encore entre l'homme et le Ciel, Dieu a décidé de le dévoiler par son Incarnation. En descendant sur terre pour Se faire homme, il est venu S'initier à la souffrance du monde et connaître la condition humaine. Ainsi, abolissait-Il la distance qui existait auparavant entre Lui et la créature. Selon Jung, celle-ci voyait s'ouvrir à son âme de nouvelles possibilités de vie et jamais ne s'étaient offertes à sa conscience d'aussi vastes perspectives d'enrichissement.

L'idée d'un dieu confronté à la mort puis à la résurrection n'était pourtant pas nouvelle car depuis longtemps l'humanité avait trouvé ce remède aux angoisses que lui donnait la conscience de sa destruction. La mort, la question de la survie après celle-ci forment le drame suprême de la vie terrestre. Aussi les hommes ne pouvaient-ils manquer de l'évoquer dans le domaine spirituel en en faisant participer la divinité. Bien avant le Christ, les conditions historiques étaient présentes et les mentalités préparées.

De nombreuses légendes montrent la force du mythe et son influence sur l'âme humaine. La mort et la résurrection des héros et des dieux existaient dans les croyances du Proche Orient et du monde gréco-romain longtemps avant l'ère chrétienne. La religion égyptienne nous parle du dieu Osiris qui, assassiné par son frère Seth, eut son corps découpé en morceaux, éparpillés ensuite dans toute l'Égypte. Reconstitué et ressuscité par son épouse Isis, les Egyptiens firent de lui le dieu de la résurrection à la suite duquel chaque homme pouvait renaître après sa mort. En Grèce, le mythe d'Adonis est celui d'un dieu qui meurt et renaît avec la végétation. L'exemple de Dionysos va dans le même sens.

Mais la venue du Christ sur terre, tout en relevant du même mystère, allait bien au delà de ces croyances. Elle faisait du mythe le thème central de toute la vie religieuse. Par sa volonté de l'universaliser, elle créait les bases du renouveau de la vie humaine, posant en même temps les conditions à partir desquelles pourrait se développer la culture occidentale. En descendant au sein de Sa création et en acceptant de souffrir et de mourir, Dieu résout le problème de Job. Par son Incarnation, Il connaît la souffrance, apanage de l'homme, donne à ce dernier la lumière par laquelle il pourra conserver l'espoir dans ses plus grands maux. Ecrasé de douleur, Job souffrait sans savoir pourquoi puisque il estimait que le Seigneur l'avait frappé d'une manière injustifiée. Aussi, en choisissant de se faire homme Dieu résout précisément le problème de Son inconscience et devient conscient. Seul celui qui a connu la souffrance peut en parler avec justesse et vérité, tel est le sens. Vis-à-vis de Sa créature Dieu se trouvait en état d'infériorité car Il ignorait la douleur. Aussi fallait-il qu'Il devienne un homme et S'offre en sacrifice pour être pleinement confronté au drame humain. Jung relève que, par rapport aux mythes traitant de la mort et de la résurrection du dieu, la nouveauté du christianisme tient au caractère historique de l'existence du Sauveur. La vie du Christ, en effet, n'appartient pas au seul imaginaire humain mais se produit en un temps déterminé, est circonscrite à une certaine époque de l'Histoire, délimitée dans un cadre social précis. Cette particularité a pour conséquence d'ancrer plus solidement dans la réalité humaine l'action de la divinité et de donner plus de relief à son influence sur la vie quotidienne.

L'existence de la souffrance touche l'homme dans ce qu'il a de plus vif et de plus sensible car elle le ramène à lui-même. Lui enseignant l'humilité, elle lui fait prendre conscience de toute sa faiblesse. A la suite du Christ, chaque homme est appelé à supporter son malheur avec la plus grande dignité. Non qu'il doive rechercher la souffrance pour elle-même car, contrairement à ce que pensaient les romantiques au XIXème siècle, elle n'est nullement un bienfait dans la mesure où elle use et affaiblit. Simplement, elle demande à être porté et vécu avec courage de telle sorte qu'elle nous forge et fortifie notre âme. Jung l'exprimait clairement lorsqu'il disait « C'est de la souffrance de l'âme que germe toute création spirituelle et c'est en elle que prend naissance tout progrès de l'homme en tant qu'esprit ; or, le motif de cette souffrance est la stagnation spirituelle, la stérilité de l'âme »[8]. Nombre d'artistes ont su représenter le Christ au moment du calvaire portant sa croix avec force et dignité. L'épreuve met directement l'homme en contact avec Dieu dans la mesure où elle lui fait prendre soudainement conscience de tout ce qui constitue son humanité véritable et le met sur le chemin de la connaissance. Jamais le lien entre la sagesse et le cœur n'a pu être exprimé avec plus de densité et c'est dans la Passion que l'on voit à quel degré d'humanité peuvent nous conduire nos sentiments. Nous introduisant à la compréhension de l'autre, la douleur éprouvée ouvre en nous des portes sur des vérités restées insoupçonnées. On ressent compassion et pitié envers son semblable en lequel on s'est reconnu. Ainsi le pensait Schopenhauer dont l'influence fut grande sur les idées de Jung. Pour lui, avoir pitié d'autrui est prendre conscience de notre ressemblance avec lui car la douleur qu'il ressent est égale à la nôtre. Dans la souffrance, nous devenons plus humains et sommes amenés à rechercher un soutien auprès d'un autre soi-même dans la mesure où il connaît les mêmes maux.

Longtemps cependant, malgré la croyance en la mort et la résurrection auxquelles étaient vouées certaines divinités, ce trait caractéristique de l'humanité n'avait pas été perçu à sa juste mesure par les peuples ayant vécu avant le Christianisme. La relation qu'ils avaient avec leurs dieux ne visait qu'au développement des qualités humaines, dans un but social et même politique, car l'homme était considéré comme un individu faisant partie d'un Tout. Avec le culte chrétien, les choses changent puisqu'il parle à présent de la personne, toujours au dessus de l'espèce ainsi que le montre la parabole de la brebis perdue pour laquelle le berger quitte son troupeau. Elle possède ce caractère sacré qui lui vient de sa création à l'image de Dieu et est nantie d'une dignité nouvelle source pour elle d'un incontestable mûrissement. L'exemple du Christ témoigne de cette valeur supérieure accordée à la condition humaine, à la douleur qui est le lot de chaque homme et qui en tant que telle le touche dans ce qu'il a de plus intime, élève sa conscience au dessus de ses instincts, et l'incite à se montrer charitable envers tous ses semblables.

Malgré tout, les hommes avaient commencé à percevoir le rôle tenu par la douleur. Bien avant le Rédempteur leur cœur était déjà sensible au sens qu'elle pouvait revêtir, ce qui prouve que ce sentiment était latent au fond d'eux-mêmes. En Grèce, l'exemple d'Asclépios a suscité la ferveur des foules précisément en raison du tragique destin qui fut le sien. Fils d'Apollon, Asclépios usait de son extrême habileté pour ressusciter les morts, attentant par là à l'ordre du monde et suscitant la colère de Zeus par qui il fut foudroyé. Il n'en connut pas moins une énorme popularité chez les Hellènes car il était par excellence le bienfaiteur tentant de soustraire les mortels à la maladie et à la douleur. La légende de son châtiment par le roi des dieux a contribué à faire de lui un sauveur parce que lui-même avait connu l'épreuve et que l'être qui souffre se tourne toujours vers le dieu qui a souffert. Ainsi jugeait-on ce dieu très humain car plus qu'un autre il était capable de comprendre les êtres et de compatir à leurs peines. L'importance qu'on lui accordait montre qu'avant notre ère les hommes avaient déjà conscience du caractère transcendant attaché à l'épreuve et que la vie du cœur ne pouvait que s'enrichir de la confrontation à la douleur.

Mais c'est avec le Christ que ces sentiments devaient être exprimés avec la plus grande force et, par lui, développer toutes leurs conséquences. Dieu a accepté de vivre en toute humanité pour comprendre la douleur terrestre et en Jésus S'est révélé d'une façon définitive et totale. Son appellation de Père est en ce sens bien caractéristique, on la retrouve partout dans l'enseignement du Christ. L'image du père invite à nous représenter des sentiments familiaux liés à la douceur, l'humanité et la simplicité. Les sentiments et actions de Dieu envers l'homme sont à présent ceux d'un père et s'étendent à tous les hommes sans aucune distinction, de telle sorte que chacun d'entre eux puisse se sentir objet de Sa tendresse et de Ses soins.

Par sa vie, sa mort et sa résurrection, Jésus est dans la conception chrétienne une image idéale du Soi. Son existence en témoigne, elle qui montre le plus total engagement. Par son honnêteté, elle demeure un exemple en nous indiquant le chemin à suivre. Celui-ci consiste à vivre notre personnalité dans son acceptation la plus vraie et la plus achevée en sachant prendre son indépendance envers les lois du temps et du lieu où nous vivons. Ainsi a fait Jésus qui, sa vie durant, n'a suivi que sa propre voie en dépit de toutes les sollicitations pouvant l'en détourner. Adolescent, il s'arrache au foyer de son enfance pour affronter le vaste monde, à la grande inquiétude de ses parents. Plus tard, quittant son atelier et commençant sa prédication, son mépris des normes l'oppose à l'hostilité de sa famille et c'est en vain que sa mère et ses frères tentent de le ramener chez eux. Contrairement à l'usage qui veut qu'un homme se marie, il refuse de prendre femme. Sa vie publique l'éloigne ensuite un peu plus des siens lorsqu'il attaque la volonté de puissance des prêtres du Temple à qui il reproche leur abus de pouvoir. Sans pour autant être un révolutionnaire, la vie du Christ montre un désir de s'écarter des sentiers battus, de prendre ses distances envers conventions et usages pour vivre en pleine conformité avec son cœur, soit suivre la volonté de Dieu au plus intime de soi. S'engageant à fond dans ses convictions, il a su rester fidèle à lui-même jusqu'au bout de son destin. A sa suite il nous incite à respecter en nous ce sens éthique qui, au delà des lois et des dogmes, donne un sens à notre liberté. Par là l'Incarnation appelle à une vie parfaitement authentique, modèle de simplicité humaine, et affirme le principe de la responsabilité, tant vis-à-vis de nous-mêmes que du monde. Conformément à l'exemple du Christ, chacun doit s'assumer et vivre son destin en accord avec ses aspirations.

C'est dans le mystère de la mort et de la résurrection du Christ que l'Incarnation acquiert son sens le plus profond et le plus authentique.

La signification prise par l'événement est d'abord de nous faire espérer en la survie de l'âme après la mort. Son symbolisme ne s'arrête pas là car au delà de ces désirs si profondément enracinés dans l'esprit des hommes, le mythe nous incite à participer dés maintenant au mystère de la vie nouvelle. La vie chrétienne est une résurrection anticipée réalisée dans le temps présent, une invitation perpétuelle à mourir à soi-même pour renaître en un être vivifié et rajeuni. Un épisode particulièrement imagé de l'Evangile, souvent représentée dans l'iconographie orthodoxe, illustre cette mutation de la personne, celui du Christ descendant aux enfers pour ressusciter les morts juste avant sa propre résurrection. Issu du latin *infernus* qui signifie « d'en bas », le terme, par son allusion à un monde souterrain, évoque un endroit obscur et mystérieux où séjourneraient les défunts. Comme tel, il représente notre inconscient, lieu de notre être où des forces méconnues sont réveillées et intégrées sous l'action d'une divine influence, à l'instar des morts sortant de leur tombeau devant la victoire du Christ. A l'image du phénix qui brûle et renaît de ses cendres, chacun doit faire l'effort de renoncer à ce qui en lui le fige et le contraint à l'immobilisme dans le conformisme pour obtenir une nouvelle personnalité issue de sa victorieuse confrontation avec le monde. Par ce symbole est exprimée l'essence profonde du christianisme.

On voit que les différentes étapes jalonnant la vie du Christ telle qu'elle est dépeinte dans le Nouveau Testament sont autant d'images de cette action personnelle sur soi, cette renaissance continue à laquelle nous convie Jung. D'abord la Nativité est l'émergence de la vie insufflant à l'humanité un nouveau dynamisme. Ce dernier est encore exprimé lors des noces de Cana, à l'occasion desquelles Jésus transforma l'eau en vin, un miracle qui nous replace encore dans cette volonté de transformation perpétuelle. La résurrection de Lazare, annonciatrice de celle de Jésus, va dans le même sens. A l'image du personnage se levant et sortant du tombeau, les hommes sont arrachés à la mort par la voix de Jésus et renaissent transformés en leur âme. Enfin, la passion, la mort et la résurrection du Christ, centre du culte chrétien, sont le symbole même de cet effort de transcendance qui nous est proposé.

Rien n'est plus propice à évoquer celui-ci que les rapports que Jésus entretint avec ses disciples, et il s'en faut de beaucoup que ces derniers se soient montrés à la hauteur de leur maître. Judas le trahit, Pierre le renie, la distance est toujours grande entre l'image de perfection du Rédempteur et celle donnée d'eux-mêmes par les apôtres. Lorsque le Christ les mena sur le mont Thabor pour leur montrer sa divinité, ils ne purent que ressentir leur humilité, subjugués qu'ils étaient par sa Transfiguration. Mais c'est probablement la nuit au jardin des oliviers que leur faiblesse apparut dans toute son évidence. L'une des plus belles images du Nouveau Testament est bien celle qui nous montre Jésus veillant tandis que dorment ses trois compagnons. Cette vision, les peintres des différentes époques ont tenté de nous la présenter chacun à leur manière, de telle sorte que l'on ne puisse être que frappés par le contraste existant entre le Sauveur priant son Père et conscient de son destin et ses trois disciples assoupis. En ces derniers se personnifiait la nature de l'homme avec toutes ses insuffisances, celle de chacun de nous plongé dans le sommeil de l'ignorance et encore loin d'accéder à la lumière divine. Cet état encore inconscient, les artistes, Le Greco au premier chef, essayaient de nous le suggérer en montrant Jésus regardant le Ciel tel un rêve émanant du sommeil des apôtres.

Ce stade atteint par le Christ nous est rendu plus limpide si l'on accepte de le mettre en relation avec celui connu par d'autres personnalités ayant eu un rapport avec Dieu. A ce titre la comparaison entre Jésus, Moïse et Mahomet est du plus riche enseignement car des destinées aussi dissemblables ne peuvent que nous faire entrevoir le caractère essentiel de la personnalité humaine. Connaissant une situation précaire après avoir tué un Égyptien maltraitant un Hébreux, Moïse choisit de s'enfuir d'Égypte pour se retirer au désert et revenir plus tard libérer son peuple. A une époque postérieure, mis en minorité à La Mecque, Mahomet fut contraint de quitter la ville pour se rendre à Médine et revint par la suite en conquérant. En regard des voies suivies par les deux personnages, le choix de Jésus apparaît fondamentalement différent. En proie à des difficultés à Jérusalem, le Christ refusa de prendre la fuite pour lever l'étendard de la guerre sainte mais choisit d'y rester et d'être crucifié. En assumant pleinement son destin, il demeurait dans la logique qui avait été la sienne sa vie durant car, à l'inverse des deux autres prophètes, n'existait en lui nulle contradiction et il sut suivre le même chemin sans jamais s'en écarter. Sa personnalité apparaît beaucoup plus forte et sa conscience plus aboutie.

La croix dont nous avons déjà évoqué le rôle universel, celui consistant à relier l'homme à la terre et au Ciel, en est la plus digne représentation et voit avec les chrétiens sa signification profondément enrichie. La mort de Jésus sur la croix pose à l'homme une question essentielle, celle du sens de la vie humaine sur cette terre et de sa destinée dans l'autre monde. Comme le Sauveur, il faut se crucifier soi-même pour se libérer des péchés et entrer dans la vie spirituelle. C'est le sacrifice que l'on doit faire de soi et par lequel on s'élève un peu plus au dessus de la matérialité pour accéder aux plus nobles valeurs de l'humanité. Tel est le sens de la Rédemption, celui qui voit le jugement du fidèle transformé par la sagesse de la croix, de façon à aider l'homme à renouer avec son inconscient. Ainsi, notre immolation personnelle donne-t-elle à notre vie un sens nouveau engendré par l'entrée dans la conscience de forces qui auparavant n'avaient pu s'exprimer.

Au delà de ces conquêtes, il est une transformation essentielle dont l'homme est l'objet et qui le transfigure jusqu'à faire de lui un être totalement nouveau, c'est celle provoquée par l'amour, celui que Dieu est venu vivre en pleine humanité par le sacrifice de Son Fils. Donnant à sa vie spirituelle un nouvel élan, l'amour inonde son âme de sa force bienfaisante, éveille en lui des virtualités insoupçonnées et, l'ouvrant à la vie du cœur, le tourne de façon désintéressée vers autrui. Par lui, l'homme acquiert le plus vif sentiment de sa condition, rayonne de bonté et déverse les richesses de son âme autour de lui. La nouvelle vision des choses qu'il acquiert alors améliore sa façon d'appréhender le monde et son comportement envers l'humanité. L'amour qui nous est insufflé de la sorte est bien le signe de la volonté du Christianisme d'aller plus loin que le judaïsme dans son désir de communion avec Dieu. L'œuvre de Moïse ne visait qu'à donner à l'homme des commandements qu'il se voyait forcé de respecter sous peine de subir de sévères châtiments. S'ils témoignaient de la volonté de Dieu de Se révéler à l'homme ils n'en établissaient pas moins une barrière à la manifestation de Sa sollicitude. Moïse ne concevait pas en effet que la mansuétude divine puisse exister pour celui dérogeant aux règles du peuple d'Israël. Avec Jésus, cette limite est dépassée puisque désormais tout homme a droit au pardon quels que puissent être ses péchés. C'est le sens des paroles qu'il prononça à l'égard de la femme adultère qu'on lui amenait et qu'il refusa de livrer au châtiment.

La force ainsi communiquée est source d'un nouvel état d'esprit qui nous voit, transfigurés par l'amour dont Dieu nous a comblés, nantis d'une meilleure connaissance de nos capacités personnelles. Si l'on veut bien étendre cet acte de communion à toute la trame de la vie quotidienne, on constate qu'il en est ainsi de tous les sentiments exprimés par nos proches. C'est dans les relations humaines que l'on réalise comment l'intérêt que nous porte autrui exerce ses bienfaits sur notre personne. L'estime ou la sympathie montrée par un ami ou un parent accroît notre confiance en soi et nous incite à bien agir en toutes choses. Quelles que puissent être nos faiblesses personnelles, de tels témoignages d'affection nous renforcent toujours dans notre estime de nous-mêmes. C'est dans nos relations avec le Ciel que ce sentiment acquiert une puissance particulièrement forte. Sous l'influence divine, nous aimons en retour nos semblables simplement parce qu'ils ont notre nature. Il ne s'ensuit pas, certes, que l'on doive éprouver ce sentiment pour tous les hommes indistinctement car l'affection réelle ne se commande pas. Tous nos actes à leur égard doivent être simplement animés par le même amour envers Dieu et Sa création.

Ainsi, il semble que le désir de communier avec l'Eternel, la quête de notre Soi, aille de pair avec une relation ouverte, fraternelle et affective avec nos pareils. L'individuation est inséparable d'une relation inconditionnelle avec le monde car en aimant l'humanité nous aimons Dieu.

Considérant le sacrifice du Christ, mort sur la croix, sa signification pour notre âme, Jung estime que le culte catholique l'exprime de façon plus aboutie que la religion réformée. On trouve en effet dans la tradition romaine tout un rituel propre à donner au croyant le meilleur sentiment de la divinité dont il est participant. Au moment de la messe, le sacrement de l'Eucharistie est un acte de foi consacrant la présence réelle du Christ sous les apparences du pain et du vin. C'est le rite de la transsubstantiation qui voit le pain et le vin, représentatifs d'une nature terrestre encore imparfaite, faire place au Christ véritablement présent, la vie spirituelle insufflée dans le cœur de l'homme. En contestant pour partie ce dogme, les protestants enlevaient à l'acte toute sa force. En effet, le fidèle devant qui se déroule l'opération communie véritablement avec la divinité, voit s'opérer en lui une action de purification par laquelle il se sent uni au Christ et prend pleinement conscience du sens de sa vie.

Le nouvel état auquel parvient alors notre personne marque le passage de l'homme primordial, tel qu'il a été créé à l'image de Dieu, à l'homme animé par l'Esprit, divinisé, achevé et parfaitement accompli. C'est le passage d'Adam à Jésus. Jung assimile le premier à l'homme universel « l'idée de l'unité de toute l'humanité au delà des individus qui la constituent »[9]. Il est celui qui porte en lui les virtualités qui permettront à l'homme de choisir l'une ou l'autre voie. Premier dans la création, il est aussi premier à commettre la faute en voulant s'identifier à Dieu, avec toutes les conséquences que son acte implique pour ses descendants. Adam symbolise le péché originel, l'usage inconsidéré de la liberté quand elle est le fait de l'homme soumis à sa seule volonté. Dieu a accordé la conscience à Adam, mais de ce don il s'est mal servi en voulant s'égaler à Lui. Refusant sa dépendance, il en est durement sanctionné. Cette pénible expérience ne l'en a pas moins fait détenteur d'un riche savoir, car il est devenu le dépositaire d'un héritage par lequel l'homme se sent profondément attaché aux forces de la terre. Il représente dès lors une sagesse traditionnelle, celle de « l'homme vieux de deux millions d'années », un savoir que l'homme doit perpétuellement adapter à son temps et rendre accessible à son âme. Par sa faute, Adam justifie tout le message de l'Ancien Testament. Les relations qu'il entretient avec Dieu, les contacts successifs le confrontant à Sa volonté sont pour lui autant d'occasions de s'appréhender en tant qu'homme et de rester conscient de sa faiblesse révélée par le péché originel. Il symbolise le désir que chacun a de renouer avec sa nature d'avant la faute, exprime le sentiment d'un manque, appelle à une volonté de transcendance et à une nouvelle naissance à soi-même.

Jésus apparaît alors et assure victorieusement celle-ci car chez lui la faute est impossible. Reprenant tout ce qu'il y avait de bon dans le premier Adam, il le transforme et l'élève à la divinité, comme le montrent les scènes iconographiques de certaines églises représentant Jésus crucifié sur la tombe du premier homme. Telle est bien la filiation entre les deux êtres et la progression de l'un à l'autre, celle réalisée par la mort du Christ, exhumant une sagesse présente en l'homme de toute éternité. Le passage du premier au second Adam marque celui de l'homme encore inconscient à l'homme devenu conscient, un être à présent détenteur d'une grâce dont l'acte du premier Adam avait privé l'humanité.

Signification de la Trinité.

Il ne suffit pas que Dieu se fasse homme et nous communique son amour par l'immolation de Jésus, il faut encore que la marque de cet amour soit laissée en notre âme après son passage sur cette terre. Tel est le rôle dévolu au Saint Esprit, troisième personne de la Trinité.

Traditionnellement, trois est le chiffre de la perfection. Jung s'est clairement expliqué à ce sujet. Venant après le deux, il annule l'opposition qui existait entre les deux premiers termes et rétablit l'équilibre « Avec le trois la tension s'annule car l'unité perdue réapparaît [...] Le trois est donc l'unité qui se développe pour devenir perceptible [...] L'union bidimensionnelle [...] n'est qu'un concept fictif. Pour obtenir une réalité matérielle il faut trois dimensions »[10]. Cette vocation du chiffre trois avait depuis longtemps été perçue par les peuples et la vénération des fidèles s'était toujours portée sur les triades, thème récurrent dans toutes les spiritualités. Au sein de nombre de traditions religieuses, on trouve des ensembles ternaires dont l'objet est de tenter d'exprimer les mouvements de l'âme humaine. L'hindouisme a par exemple proposé au monde la triple manifestation de Brahmâ, Vishnu et Civa, respectivement les aspects producteurs, conservateurs et transformateurs. En Chine, les penseurs ont élaboré la grande triade du Ciel, de la Terre et de l'homme, ce dernier en étant leur fils et l'aboutissement le plus logique. Dans tous ces symboles trinitaires, le troisième terme apparaît comme la résultante issue de l'action réciproque menée par les deux premiers éléments et comme tel justifie leur union. Exprimant l'achèvement de l'être humain, les triades expriment la vie de l'âme dans son évolution intime vers la perfection, représentent un effort pour accoucher d'une nouvelle conscience plus proche de la divinité.

Mais aucune de ces triades n'a été conçue sur un modèle aussi profondément humain que celui de la Trinité chrétienne. Pour les chrétiens elle représente la perfection de l'Unité divine: Dieu est Un en trois personnes et du reste l'on ne peut être que frappé de la régularité avec laquelle apparaît le chiffre trois dans l'Évangile. On pense aux trois reniements de Pierre, aux trois croix du calvaire et c'est le troisième jour que se fit la résurrection du Christ. L'aboutissement sera la Trinité, dogme par lequel est exprimé le mystère chrétien. L'idée de symboliser la puissance divine en la représentant sous le signe de trois éléments ne saurait pour autant remettre en question le principe d'un Dieu unique et absolu. Les trois personnes de la Trinité restent unies intrinsèquement en un seul Dieu et le monothéisme chrétien n'est nullement contesté. Cela, Roublev, moine-peintre d'icônes du XVe siècle, l'avait bien exprimé par sa représentation de trois anges d'une beauté spiritualisée, les trois personnes de la Trinité, mais que l'on ne pouvait identifier indépendamment l'une de l'autre tant était grande leur ressemblance. C'était bien la meilleure manière de symboliser leur caractère unitaire: bien que trois, elles restent une.

Par le mystère de la Sainte Trinité nous est donnée la possibilité d'approfondir en nous la connaissance de l'Eternel. Dieu est descendu sur terre pour se faire homme en la personne de Jésus et éveiller l'homme à la vie divine. Comme il n'a vécu en ce monde qu'une bien courte période, il fallait encore que sa présence se fasse sentir en nous après sa mort et éviter que son action ne meurt avec lui. Tel est le problème que résout le Saint Esprit, lequel a pour rôle de « parachever l'accomplissement de Dieu et du drame divin. Car la Trinité est assurément une forme supérieure de l'idée de Dieu conçue comme une simple unité ; elle correspond en effet à un état de réflexion, de conscience accrue de l'humanité »[11]. C'est par le baptême que l'Esprit est communiqué au chrétien, tel Jean-Baptiste le donnant à Jésus dans le Jourdain. Ce sacrement purifie, sanctifie et justifie celui qui le reçoit de telle sorte qu'il soit adopté par le Père et devienne héritier du Christ en union intime avec lui. Soumis à son influence, le fidèle participe de sa mort et de sa résurrection et, désormais au delà du péché, ressuscite dans une vie nouvelle. Ainsi la troisième personne de la Trinité est-elle, à un titre supérieur aux deux autres, étroitement liée à l'âme humaine, car elle est Dieu intériorisé au plus intime de notre être. C'est le sens du Saint Esprit, Dieu révélé à notre personne et qui a permis à celle-ci de se révéler à elle-même. Pérennisant le Christ en nous après la mort du Christ, il est une synthèse, la boucle est fermée et la présence divine définitivement assurée en nous.

Cette image n'est pas apparue subitement avec le christianisme et déjà elle était présente dans l'Ancien Testament. « Et l'Esprit de Dieu planait sur les eaux » y est-il écrit, et c'est par le souffle de son Esprit que Dieu a créé le monde. On ne saurait mieux exprimer ce caractère du Saint Esprit, celui de représenter le rôle créatif et transformateur de la divinité. Du reste, toutes les civilisations ont cru qu'à la base de tout ce qui existe dans l'univers avait d'abord régné le chaos avant que l'Esprit divin vienne s'insinuer en lui pour en sortir la Création et imposer son harmonie à ce magma indifférencié. Telle était la manière d'exprimer la toute puissance de la divinité et son action transcendante. Dans la religion chrétienne, ce que Dieu a réalisé par la Création, il le réalise en notre âme. Par le Saint Esprit est donnée à celle-ci une impulsion de telle sorte que soit assurés son évolution et son rajeunissement.

Même avant le judaïsme, ce principe agissant avait été senti par certains peuples. Outre les triades que nous venons d'évoquer, on en a pour exemple l'importance que les Égyptiens attribuaient à leur double spirituel et qu'ils dénommaient le Ka. On s'est beaucoup interrogé sur ce que celui-ci représentait réellement pour les hommes de la vallée du

Nil. Les scientifiques se sont perdus en de nombreuses conjectures sans parvenir à se mettre d'accord sur le sens réel détenu par le symbole, tant il était hasardeux de chercher à penser comme un Egyptien. Il semble que ce dernier voyait en son double l'énergie vitale propre à chaque être humain, l'ensemble de toutes ses qualités base de sa personnalité, l'accompagnant sa vie durant et lui survivant même après sa mort. Le Ka était en quelque sorte pour la personne une conscience à laquelle celle-ci se référait pour tous ses actes. Selon toute probabilité, son origine le faisait remonter à la substance divine d'où il partait pour s'introduire en chaque homme et lui insuffler son génie. Son existence prouve que l'on avait déjà connaissance dans les anciennes civilisations de la présence d'une force invisible venue transcender l'âme humaine. Issu de la suprême divinité, elle communique à l'homme une parcelle de son énergie, laquelle, tout comme le Saint Esprit, assure sa personnalisation et l'autonomie de sa conscience vis à vis de la société. « Les Egyptiens se sont contentés, au tout début du christianisme, de transposer leurs conceptions traditionnelles du Ka sur le Saint-Esprit [...] Dans la *Pistis Sophia* copte (IIIe siècle), le Saint-Esprit est le double de Jésus, son Ka authentique »[12].

Ce rôle moteur de la Sainte Trinité dans le devenir humain est apparu à juste titre comme un fait nouveau pour les hommes, et tous n'ont pas compris immédiatement la formidable avancée qu'elle impliquait pour la conscience. Aussi devait-elle susciter immanquablement une opposition chez les premiers chrétiens et, de fait, donner lieu à une hérésie au IVe siècle de notre ère sous l'inspiration du prêtre Arius. Pour celui-ci, l'égalité entre les trois personnes de la Trinité n'était qu'un leurre. Les ariens estimaient que Dieu était Un, éternel, inengendré et qu'Il avait créé tous les êtres. A l'instar des autres créatures, Jésus a été tiré du néant et non de la substance divine ce qui, selon Arius, faisait contester sa divinité et augmenter son humanité. Si Jésus ne pouvait être assimilé au Tout puissant, il ne pouvait avoir le même pouvoir de médiation entre le Ciel et les hommes que lui reconnaissaient les catholiques. Et si ce rôle lui était refusé, l'existence du clergé était dès lors injustifiée puisque les prêtres, étant censés se revêtir de la nature du Christ, ne pouvaient plus le faire à présent que sa divinité n'était pas acceptée. La médiation de Jésus n'étant plus reconnue à sa juste mesure, tous les médiateurs terrestres supposés faire à sa suite le lien entre Dieu et les fidèles n'avaient plus aucune raison d'être. Naturellement, si le Christ n'était pas réellement divin, le Saint Esprit venant après lui l'était encore moins. Ainsi, les principes auxquelles répondait l'arianisme se présentaient comme une anticipation de l'Islam et l'on sait le différend opposant chrétiens et musulmans quant au dogme de la Trinité. « Il n'y a de Dieu que Dieu », tel était la formule à laquelle souscrivaient tant les fidèles de l'Islam que les hérétiques ariens. En aucun cas Mahomet n'avait été assimilé à Dieu par les Musulmans comme l'avait été Jésus par les chrétiens.

Si l'hérésie d'Arius avait triomphé, la divinité du Christ n'aurait pas été reconnue et Dieu aurait été seul. Or, si Dieu est seul il est tout et donc susceptible de récupération politique ou idéologique. Le Christ ignoré, le Tout puissant reste loin de l'homme, incompris et mystérieux, demeure une abstraction inachevée et superficielle. Une telle situation ne pouvait qu'avoir des incidences sur la vie politique et c'est la raison pour laquelle l'arianisme eut son succès au sein des peuples barbares occupant alors l'empire romain. Le dogme de la Sainte Trinité établissait un équilibre entre le politique et le religieux. Or, cet équilibre les Ariens le détruisaient au profit du politique. De la négation du Christ, il s'ensuit qu'un seul homme a capacité à être le lien entre Dieu et les hommes, soit le chef placé à la tête de la société. Cela faisait de l'arianisme une religion bien plus proche de la sacralité païenne que du culte catholique. N'ayant de compte à rendre à aucun médiateur terrestre susceptible de mettre en cause son pouvoir et étant le seul dépositaire de l'autorité divine, le souverain est bien plus proche du roi-prêtre des sociétés païennes que du monarque catholique qui laisse au clergé seul la puissance spirituelle.

Mais si au contraire Dieu est trois il est libre acceptation par l'homme de sa relation avec Lui. De la sorte, la Trinité permet à chacun d'exercer sa liberté. En acceptant de mourir à lui-même pour que naisse en lui le Saint Esprit, l'être humain n'est tributaire d'aucune règle collective, ni d'aucune idéologie. Conscient et responsable, il a créé en lui le royaume de Dieu. Par la Trinité, l'âme reste à l'écart des influences extérieures qui tendent à obtenir son adhésion. Crucifiée et ressuscitée, elle s'exprime et accomplit la volonté divine en toute sérénité. L'état de sainteté que connurent certains êtres d'exception est né de cette action sur leur cœur. Touché par la grâce, le saint est précisément celui qui a été saisi par l'Esprit. « La sainteté signifie qu'une idée ou une chose possèdent une certaine importance supérieure dont la présence impose silence à l'homme »[13]. Le premier saint est le Christ, aimant ses semblables jusqu'à leur communiquer sa gloire reçue de Dieu et se sacrifier pour eux. A sa suite et par la communion du Saint Esprit, le chrétien participe à la sainteté divine. L'exigence de vie sainte repose non sur l'idéal d'une loi extérieure mais sur une volonté de communier aux souffrances et à la mort du Christ pour parvenir à sa résurrection.

Pour avoir la plus juste idée de cette action sur la personne, il faut bien cerner le sens qu'elle prend aux yeux du monde.

Lorsque les pharisiens demandèrent à Jésus s'ils devaient ou non payer le tribut à César, le Fils de Dieu leur répondit « Rendez à César ce qui est à César et à Dieu ce qui est à Dieu ». Par là il signifiait le sens profond revêtu par le Saint Esprit à l'égard de chacun. En distinguant les pouvoirs terrestres de celui du Tout puissant, Jésus exprimait clairement dans quelle sphère précisément devait s'inscrire la vie de l'âme. Or, celle-ci ne se résumait pas dans le respect des lois du monde d'ici-bas. Il incombait à chacun de se recueillir en lui-même pour suivre son propre chemin et obéir à sa propre loi. S'il était fait un devoir à tout homme d'obéir aux codes et aux règles de sa communauté, en aucun cas ceux-ci ne devaient atrophier son libre arbitre. De ces limites entre le pouvoir de César et celui de Dieu découlaient celles existant entre le conscient et l'inconscient, le profane et le sacré, le politique et le religieux. C'est du reste une caractéristique du monde occidental d'avoir clairement établi la division des rôles. Toute l'Histoire de l'Europe suit cette logique de la confrontation entre le pouvoir des rois et celui des Églises.

Cette importance accordée au rôle de l'Esprit dans le vécu religieux humain ne pouvait qu'avoir pour conséquence une duplication des fonctions de telle sorte que soit accordée la plus large ouverture à l'individualité humaine. En chargeant le pouvoir politique des affaires du monde et en faisant du pouvoir religieux un intermédiaire entre le Ciel et les hommes, la bipolarité des instances donnait une chance à l'individu de faire progresser sa conscience. Certes, il n'était pas libre pour autant, enserré qu'il était dans un réseau social cimenté par l'obligation de se conformer à une croyance unitaire. Pourtant, l'existence de deux puissances éventuellement concurrentes, en lui laissant certaines possibilités de choix, lui laissait l'occasion d'évoluer et de garder son indépendance de pensée. Cette situation était contraire à celle connue par l'Islam pour qui la loi civile se confondait avec la loi religieuse, ôtant toute justification à l'existence d'un clergé présent à côté du pouvoir politique.

Ainsi réalise-t-on que le culte de la sainte Trinité, avec pour aboutissement cette déférence envers le Saint Esprit, est le vecteur de la liberté humaine. Or constate de fait que cette dernière a été le maître mot de la civilisation occidentale de sa naissance jusqu'à l'époque présente. Sans nombre sont les exemples des communautés humaines ayant lutté pour obtenir des privilèges qui reconnaissaient leur identité et leurs droits. Toute l'Europe a connu le combat de ces groupes luttant pour la conquête de leurs libertés. Ainsi *des* libertés on est passé à *la* Liberté, celle dont la Révolution française s'est faite le chantre et au nom de laquelle elle a tenté de mobiliser le monde. Si un tel rôle a été dévolu à cet idéal c'est bien parce qu'au départ il était enraciné dans la culture occidentale, l'expression du Saint Esprit en ayant placé le germe dans le cœur de la créature. Il n'est pour s'en convaincre que de prendre acte de la tradition qui veut qu'en Occident ces groupements humains, corporations, villes ou pays, qui s'édifient et veulent acquérir force et reconnaissance, se place sous la protection d'un saint. Saint Joseph, patron des boulangers, Sainte Geneviève, patronne de Paris, Saint Georges, patron de l'Angleterre témoignent de cette tendance à vouloir se mettre sous l'invocation d'un de ces personnages qui a connu la vie de l'Esprit et de faire en sorte que le souffle divin l'ayant dynamisé anime derechef la communauté constituée.

Cette marque indélébile imposée par le christianisme sur l'évolution culturelle occidentale contribua puissamment à façonner le monde où nous vivons aujourd'hui. Jésus était venu pour donner la liberté aux hommes et l'accomplissement de la Trinité divine dans l'âme de chacun d'eux devait précisément leur donner les moyens de l'exercer. Tous les grands esprits qui, dès le Moyen âge, mirent en commun leurs connaissances et leurs aptitudes intellectuelles pour faire progresser la pensée œuvrèrent à partir d'une base commune, celle léguée par la théologie chrétienne. Par le mystère de la Sainte Trinité, ils surent donner à leur âme un élan puissant et dynamique qui leur permit d'orienter la culture vers le progrès et le renouveau. C'est ainsi qu'au sein des universités du monde médiéval, furent peu à peu élaborées par ces savants la pensée moderne, la science moderne, la culture moderne. Toutes les conquêtes scientifiques qui apparurent par la suite et se placèrent en opposition avec le culte chrétien, jugé alors retardataire, furent en fait rendues possibles par l'état d'esprit si particulier que le dogme religieux avait insufflé à l'homme européen. En définitive, on réalise que la dévotion envers le Saint Esprit manifeste la grandeur reconnue à l'Homme, l'être créé à l'image de Dieu dans toute sa noblesse et sa dignité, point de mire de toute la civilisation occidentale.

Quoi qu'il en soit, on ne peut considérer cette force sans une certaine appréhension. On ferait courir un risque non négligeable à notre personne si l'on s'aventurait à lui céder sans s'être livré à une réflexion personnelle au préalable. Il faut, on l'imagine assez bien, une force morale et une sûreté de caractère assez éprouvées pour pouvoir obéir en toute sécurité à une telle manifestation de la puissance divine. C'est ce qui explique que ce pouvoir détenu par le Saint Esprit n'ait pas été encouragé par l'Église en raison du danger qu'il pouvait faire courir à l'individu et, partant, à toute la communauté humaine. Si chacun se met en tête de mépriser les règles collectives pour ne se laisser guider que par la seule inspiration divine, aucune vie sociale n'est dès lors possible. Le Saint Esprit était peu propre à favoriser l'esprit communautaire que tentait de garantir l'Église. C'est effectivement par la communion avec l'Esprit que l'archétype divin joue pleinement son rôle en saisissant brutalement l'individu de telle sorte qu'il perde tout contact avec la réalité. Si une grâce subite se produit il faut que lui réponde une conscience assez forte pour permettre son autocritique personnelle. Une expérience immédiate peut être dangereuse pour la personnalité de celui non apte à la recevoir. Paul, saisi par la vision du Tout Puissant sur le chemin de Damas, fut frappé de cécité. Il sut pourtant dominer la force qui s'imposait à lui et en ressortit transcendé. Pour cela, il dut déployer une énergie dont ses semblables ne savent pas toujours faire preuve. Cela justifie l'attitude de l'Église peu encline à favoriser cette action.

Ainsi le Saint Esprit est-il la manifestation la plus vivante et la plus active du Soi, Dieu en nous, et comme tel s'impose à chacun comme une puissance de dépassement. « Dieu va se trouver engendré dans la créature humaine. Cela entraîne une profonde modification du statut de l'homme, puisque celui-ci se trouve maintenant élevé, dans un certain sens, à la filiation divine et à une humanité semi-divine »[14]. La dévotion qui lui est témoignée permet à la vie de l'âme de se manifester. Donnant suite et force à l'exemple de Jésus, l'Esprit exerce ses bienfaits sur notre personne et assure notre unité intérieure par une meilleure relation avec l'inconscient. Tout ce que celui-ci peut nous apporter est intégré à notre conscience en l'enracinant dans un substrat riche et puissant. Appliquant avec leurs dernières rigueurs les conséquences de la foi en Dieu, la vie de l'Esprit, pour autant qu'elle aille de pair avec un indispensable sens critique, assure la bonne marche de la vie symbolique et la meilleure expression de notre imaginaire. Si l'on a l'humilité nécessaire pour opérer ce retour sur soi et se confronter à son action sans pour autant céder à sa puissance alors nous parviendrons à permettre cette transformation de notre personne et donner une force accrue à celle-ci.

Orientation du Christianisme

Jung estimait que la pensée théologique reconnue ne correspondait pas toujours aux réalités de la vie psychologique humaine et tendait même parfois à prendre le contre-pied du message évangélique contenu dans les Ecritures. Dans son analyse de la tradition chrétienne, notre savant avait perçu ce choix opéré par les croyants et l'interprétation qu'ils avaient faite de l'enseignement du Christ. Il ne mettait certes pas en cause l'œuvre de Jésus telle que l'Évangile l'avait retransmise et disait volontiers que l'on pouvait y trouver des éléments propres à en rappeler l'esprit d'origine. Simplement, il émettait des critiques quant au sens qui avait prévalu dans l'esprit des fidèles dans la mesure où elle ne permettait pas forcément une saine vie de leur âme. Jung exprime là sa conception personnelle de la religion. L'interprétation qu'il a faite du christianisme n'était pas en tout point conforme à celle défendue par les représentants de l'Église, ce qui générera de la part de ces derniers des marques de désapprobation certaines quant à la nature de ses idées. « En tant qu'homme de science, je m'occupe avant tout de ce qui fait l'objet de la croyance générale, bien que je ne puisse m'empêcher d'être impressionné par le fait que les enseignements de l'Église ne tiennent pas suffisamment compte de certaines données du Nouveau Testament »[15], affirmait-il.

Déification de la personnalité divine.

Au point de départ de la pensée de Jung, on trouve sa réflexion sur la distance existant entre le Christ et les fidèles. Jésus avait dit: « Vous êtes des dieux »[16]. Par là il signifiait la nécessité pour chacun de nous de suivre son exemple, soit de nous affirmer en acceptant de nous confronter au monde extérieur avec son cortège de souffrances et de douleurs et ainsi assurer notre résurrection intérieure. Malheureusement, les hommes ne surent pas obéir à son injonction et, non capables de mener à bien leur renaissance personnelle, préférèrent déifier le Sauveur et se mettre à l'adorer. Or, cet acte était déjà en lui-même un affaiblissement de son enseignement dans la mesure où il était pour l'être humain un aveu de faiblesse.

C'est une tendance profondément enracinée en l'homme que celle qui consiste à diviniser la personnalité charismatique fondatrice de religion plutôt que de s'efforcer à agir comme elle. Il n'a jamais une force d'âme assez grande pour devenir l'égal de son modèle spirituel et préfère céder à la facilité en faisant de celui-ci un surhomme. C'est le même choix que suivirent les bouddhistes, celui de diviniser le Bouddha et d'aller ainsi à l'encontre de son enseignement. Un tel usage révèle en lui-même la limite que s'impose l'être humain à son propre développement et l'effort personnel qu'il doit accomplir pour y passer outre. Au lieu d'intérioriser la divinité en lui et de faire prévaloir la volonté du Saint Esprit sur toute autre considération, l'homme préfère contempler Dieu à l'extérieur de lui-même et ne voir en Lui qu'un instrument de cohésion sociale. Si l'on prend en compte le caractère faillible de la nature humaine, cette tendance à laquelle avaient cédé les fidèles apparaissait inévitable. Il n'en créait pas moins pour la communauté chrétienne les conditions de futurs excès dans la mesure où, au lieu de trouver en lui-même toute la force nécessaire à sa transformation personnelle, l'homme pouvait préférer se laisser guider par une force extérieure dont il risquait de ne plus être maître.

C'est ainsi que les fidèles de Jésus, afin de mieux se libérer du devoir dont les avait investi leur maître, organisèrent une Église à caractère universel et exclusif visant à perpétrer la tradition chrétienne et à propager le message divin. Son action eut pour objet la christianisation des populations. Fort du soutien de l'État dés la fin de l'empire romain, elle étendit son influence en s'efforçant de faire disparaître le vieux paganisme et d'assurer le triomphe du vrai Dieu. Fruit d'une révélation, la foi que l'on avait en Lui ne pouvait composer avec l'existence des cultes voués aux anciennes divinités. Confrontés au monde d'alors, les adeptes de la nouvelle religion pensaient qu'il était conforme à la volonté du Seigneur d'établir son règne sur le monde et en conséquence se mirent à faire du prosélytisme.

A partir de là, l'Église étendit son emprise sur toute la société et propagea la nouvelle religion vers l'Europe centrale, se donnant pour mission de lutter contre les survivances des cultes préchrétiens et toutes les traditions folkloriques issues du paganisme. De la même manière, elle combattit les hérésies remettant en cause le dogme chrétien dont elle était la gardienne, s'opposa à toutes les forces obscures et irrationnelles qui, sous l'égide des sorciers, prenaient le contre-pied des valeurs qu'elle avait pour devoir de défendre. Ce faisant, elle s'acquit ce que Jung appelle un « mérite sociale » en orientant son action dans le sens d'une moralisation des mœurs et des usages sociaux. En même temps, elle atrophiait la liberté de conscience de l'être humain individuel. C'est une conséquence de la position prise par les Pères de l'Église quant au rôle tenu par le mal dans les actions humaines.

Valeur absolue attribuée au bien.

Ainsi, les hommes attribuèrent à Dieu une valeur absolue par laquelle tout ce qui était placé sous son empire relevait du bien et tout ce qui était en dehors était voué au démon. En étendant le règne du Tout puissant sur terre, ils travaillaient pour Sa plus grande gloire. Toutes les normes et valeurs sociales se trouvaient définies par rapport à Lui et Il était l'ultime référence permettant de définir le bien et le mal.

Précisément, c'est le rôle dévolu à ce dernier qui conditionne l'évolution de l'esprit. Le mal, tel est le mystère intrinsèquement lié à la nature humaine et dont l'existence si fascinante donne toute sa valeur à la pensée de Jung. Sa définition pose à l'homme un problème redoutable. Qu'est-ce qui est bien, qu'est-ce qui est mal ? La réponse à cette question varie selon les situations, les époques et les lieux et toujours l'homme a à remettre en question sa conduite au fur et à mesure que changent les mentalités. Quand Adam et Eve désobéirent à Dieu en mangeant le fruit défendu, la pomme cueillie sur l'arbre de la connaissance du bien et du mal, ils commirent une faute irréparable car seul Dieu peut décider de la nature de l'un et de l'autre. L'homme est vis-à-vis du Tout puissant comme l'enfant vis-à-vis de ses parents. Il ne peut de lui-même décider de ce qu'est la vérité.

Mais le mal a toujours hanté l'humanité et depuis qu'ils existent les hommes n'ont cessé de se poser des questions sur son origine et ses causes profondes. On le comprend assez bien dans la mesure où de tout temps la souffrance a été leur lot, celle engendrée par la maladie comme celle due aux violences de leurs semblables. Le sentiment qu'ils avaient de son emprise sur le monde était tel qu'il ne pouvait être selon eux que le fait de la divinité elle-même, une croyance qui leur permettait de canaliser leurs angoisses, leur peur, les appréhensions qu'ils éprouvaient face à l'univers. Le mal était alors projeté sur des divinités dures et sévères, ainsi celles du polythéisme greco-latin prompts à punir les hommes de leur démesure, de leurs excès et de leur orgueil. C'est un fait que plus les civilisations sont primitives plus leurs divinités sont dures et inflexibles. Ces dernières tendent à s'adoucir peu à peu au fur et à mesure qu'évolue la conscience humaine et que l'homme change et améliore ses mœurs.

Telle est l'évolution que l'on observe de l'Ancien au Nouveau Testament. Le Dieu des Hébreux ne se caractérisait certes pas par une bonté exclusive. En Lui coexistaient le bien et le mal, ainsi qu'Il se révélait aux hommes. Il récompense ceux qui Le craignent et poursuit ceux qui font le mal, encourage ou menace, annonce libérations ou calamités. Jaloux et belliqueux, il n'admet pas que les Hébreux puissent adorer d'autres dieux que Lui, mais en échange les favorise contre les autres peuples. Son attitude envers Job qu'il accable inconsidérément de tous les maux montre bien son caractère ambivalent. Mais à ce Dieu à la fois terrible et généreux succéda avec le christianisme un Dieu d'amour, de bonté et de pardon. Venu pour enseigner la charité et le rachat des péchés, le Christ fit succéder une période d'indulgence à une période de dureté. L'évolution correspondait au désir profond des populations d'une religion plus douce et plus humaine. Les hommes étaient alors mûrs pour vouer un culte à un dieu vaincu, mort sur la croix pour étendre son règne de charité sur le monde. Ce besoin était ressenti par le commun des mortels et témoignait du progrès de la conscience et du renouveau de la civilisation.

Une telle relation entre l'homme et la divinité devait nécessairement avoir pour corollaire un amoindrissement de la puissance concédée au mal, lequel devait descendre de son piédestal divin, être séparé de la divinité, pour ne plus être conçu que comme un principe uniquement négatif.

De fait, en enlevant à la divinité son aspect ténébreux, était augmentée la part de l'homme dans la responsabilité de ses actions. En même temps, était accru son désir de tendre absolument vers le bien supérieur représenté par Dieu, ce qui lui faisait courir le risque de perdre pied et de se tromper dans sa recherche de la vérité. Désormais, n'existait plus de contrepoids à la toute puissance du bien, était enlevé tout point de référence par lequel celui-ci pouvait être défini. Le bien et le mal sont toujours relatifs l'un à l'autre et leur union au sein de la divinité donnait à l'homme plus de sécurité dans ses prises de décision. Mais en ôtant au mal toute consistance, la facilité à laquelle l'homme avait cédé en vouant un culte au Fils de Dieu et en choisissant de se réfugier dans une vie religieuse communautaire allait déployer toutes ses conséquences.

Jung relevait une contradiction au sein du dogme chrétien. Comment se pouvait-il qu'un dieu aussi bon puisse laisser mourir son fils de la sorte ? « Le Dieu du Nouveau Testament est encore tellement irritable et vindicatif qu'il a besoin du sacrifice de son fils pour apaiser sa colère [...] Et si Dieu le Père n'était rien d'autre qu'un père aimant, assurément le sacrifice et la mort cruels du Christ seraient tout à fait superflus. Je ne ferais pas sauvagement abattre mon fils pour me réconcilier avec mes enfants désobéissants »[17]. Du point de vue psychologique, il y avait là une opposition qu'il était difficile de surmonter. En acceptant que son Fils ait une fin aussi sordide, le Tout puissant n'apparaissait pas exclusivement bon et l'on revenait au dieu sévère de l'Ancien Testament. C'est ce qui amène notre psychologue à Le placer au-delà du bien et du mal. Ce dernier fait toujours sentir sa force à l'intérieur de l'homme et de fait doit être intégré à la vie de l'âme.

Cette nécessité de conférer au mal un rôle dans la psychologie humaine, Jung le remarque, avait tout particulièrement été perçue par les systèmes dualistes. Pour s'expliquer le mieux possible la cause du mal et la force qui était la sienne, certains ont voulu le personnifier par une divinité particulière. Ce fut l'idée développée par des religions comme le zoroastrisme, puis le manichéisme, pour qui le monde n'était que le théâtre et l'enjeu d'une lutte entre un dieu bon omniscient, et qui en était le créateur, et un dieu mauvais jaloux de l'œuvre de son rival. A l'homme il appartenait de choisir entre l'un et l'autre, et de son choix dépendait le triomphe ou l'échec du bien. Ces conceptions religieuses avaient certes le mérite d'expliquer l'origine du mal. Mais elles allaient à l'encontre du principe monothéiste, nuisaient à la conception d'un Dieu unique infiniment bon et créateur de toutes choses. La dualité du bien et du mal affaiblissait la puissance de Dieu, point de convergence de tout ce qui existait dans l'univers. Elle créait à l'intérieur de l'homme une scission remettant en cause l'unité de sa personne et amoindrissant le rôle bienfaisant exercé par le Tout puissant sur son âme. Aussi cette idée suscita-t-elle les foudres de l'Église chrétienne primitive qui, afin de mettre à bas cette croyance qui contestait le monothéisme, s'employa à donner une définition précise de Dieu dans sa toute puissance et sa pureté. Partant, elle fut conduite à se montrer catégorique quant aux rapports existant entre le bien et le mal, quelles que puissent être les réalités profondes de la nature humaine.

Avant le manichéisme, les chrétiens ne s'étaient guère préoccupés de la définition à donner du mal. La chose allait de soi, seul leur importait leur croyance en un dieu de bonté et de perfection. Mais avec l'apparition de la religion dualiste, force leur fut de préciser leur pensée. C'est ainsi que des théologiens comme Saint Augustin considérèrent que tout ce qui avait été créé par Dieu, Bien supérieur par essence, ne pouvait qu'être bon en lui-même car, profondément miséricordieux, Il ne pouvait être l'auteur de ce qui était mauvais. Aussi était-il insensé de vouloir Lui attribuer la responsabilité du mal sur cette terre. Comme tout ce qui avait été créé par Dieu ne pouvait qu'être conforme au bien et à la vérité, il s'ensuivait que le mal ne pouvait avoir de réalité. En fait, il représentait uniquement un manque, une absence et n'avait comme tel aucune valeur positive. Simple privation du bien, il n'était que la conséquence de la liberté humaine et du mauvais usage qui en était fait. Non que les hommes déniassent toute existence au démon, car la croyance en celui-ci devait toujours restée forte, mais le rôle qu'ils lui attribuaient, la valeur qu'ils lui accordaient, étaient à présent remis en question. Toute nature réelle était désormais refusée à ce qu'il représentait.

A l'origine, Satan avait été créé bon par Dieu et ne s'est perverti qu'après avoir subi une chute dont l'unique cause fut sa rébellion envers la volonté divine. Son seul péché fut l'orgueil, il n'en connut point d'autres. C'est pour avoir refusé de s'incliner devant Dieu qu'il fut chassé du paradis et fit entrer le péché dans le monde. A sa suite, les hommes commirent le mal en manifestant leur mépris envers la volonté du Seigneur pour ne suivre que la leur. Il ne faut cependant pas se méprendre sur l'attitude réelle prise par lui envers Dieu. Sa foi en le Seigneur était indiscutable, en aucun cas elle ne lui fit défaut. Simplement, il refusait de s'abaisser devant Lui et c'est précisément en raison de son arrogance qu'il fut évincé du Ciel. Pour l'homme, le fait n'est pas sans conséquences. Chacun d'entre nous peut se livrer au mal tout en ayant la foi, de la même manière qu'un être peut exprimer une bonté naturelle et en même temps être incroyant. Le fanatique juge ses excès excusables dans la mesure où ils sont accomplis au nom de l'idéal le plus élevé. De fait, la foi la plus authentique et la plus constructive doit aller de pair avec le discernement, celui qui doit aider à faire les distinctions nécessaires entre les actes louables et ceux condamnables. Lui seul peut favoriser l'évolution de la personnalité vers une meilleure conscience.

Le mal n'existe donc pas en tant que substance puisque Dieu a créé toutes choses bonnes en soi. Mais comme Il a voulu que l'homme soit libre, à ce dernier seul incombe la responsabilité du mal, exposé qu'il est à faiblir et à connaître des défaillances. Le dogme chrétien devait ainsi conférer au bien un caractère absolu et mettre uniquement en l'homme et en sa volonté pervertie la cause de tout mal sans qu'il soit reconnu à ce dernier une existence véritable. Par là, un poids écrasant tombait sur lui et il se voyait désormais nanti d'une immense responsabilité. Se retournant sur lui-même, l'homme était amené à ne voir que ténèbres, car la Grâce qui soudainement le touchait ne pouvait venir que d'en haut. Une telle conception devait supposer chez lui une humilité et une force morale hors du commun. Pour pouvoir assumer toute la puissance du mal censée être contenue uniquement en son âme, il fallait une force de caractère dont peu d'individus étaient réellement capables. Si brillante soit l'idée de faire du libre-arbitre humain l'unique source du mal, elle risquait de générer chez l'homme un complexe d'infériorité éprouvé face à l'absolue bonté du Tout Puissant, faiblesse à laquelle il lui fallait trouver un remède à n'importe quel prix. Ainsi était posé le problème de la liberté humaine et de la façon dont l'homme pouvait l'exercer devant son Créateur.

Portant une lourde charge, il lui appartenait certes de trouver peu à peu Dieu en lui-même et de suivre un cheminement mystique propre à le purifier. En témoigne l'exemple de nombreux saints, ainsi les magnifiques figures de Saint François d'Assise ou de Saint Vincent de Paul. Mais s'il n'a pas su assimiler le mal en lui, est exigée de sa part une compensation qui ne peut être trouvée que dans une adoration sans concession pour un bien resté extérieur, attitude qui fut celle de personnages de sinistre renom comme Torquemada ou Savonarole.

Méfiance envers l'inconscient

C'est d'une telle mentalité que découle le caractère ténébreux, malsain et finalement satanique que l'Église chrétienne a attribué à l'inconscient. Nous l'avons dit, les hommes ont depuis longtemps su l'existence de ce côté obscur de leur âme et lui ont toujours accordé un rôle dans l'élaboration des pensées humaines. Mais avec le triomphe du christianisme, il fut considéré avec une certaine méfiance par les esprits. L'enseignement du Christ, affirmait Jung, était issu de son propre inconscient. A la suite de cela, il avait été rendu obligatoire pour tous et à chacun il était fait un devoir de se soumettre à la religion qu'un seul homme avait fondée dans le passé. Dés lors, toutes les idées et attitudes issues de l'inconscient des uns et des autres furent tenues pour diaboliques, car chaque individu avait à se conformer au dogme imposé par l'Église. Les évêques se donnèrent pour mission de mettre en garde les prêtres contre les images venues de leur âme et contre les dangers qu'il y avait à prier seuls. L'inconscient était refoulé, réprimé. Chaque initiative individuelle non conforme au dogme était supposée en être tirée et comme telle condamnée comme hérétique. Ce rejet des ténèbres assimilées au mal, cette répulsion dont ce dernier faisait l'objet et qui empêchait qu'on le traite lucidement, trouvait son image dans les démons sculptés des cathédrales, leur présence constante sur les porches des églises. L'aspect immonde, mi homme, mi bête sous lequel ils étaient représentés était bien fait pour inspirer la crainte aux individus, lesquels préféraient fuir plutôt que de dominer leur peur face à son caractère terrifiant. C'était effectivement une façon de se refuser à affronter le mal, autrement dit se fuir soi-même, que de le représenter de la sorte. On voyait le diable partout et la peur obsessionnelle que l'on en avait allait de pair avec cette répugnance envers tout ce qui était sombre à l'intérieur de soi, et dont on se détournait avec dégoût.

De ce caractère maléfique dévolu à l'arrière-plan de notre personne, les sorciers étaient considérés comme les représentants et voués au bûcher. La magie et l'irrationnel inquiétaient l'être humain dans la mesure où ils allaient à l'encontre de l'action de la conscience raisonnable. Aussi ces personnages étaient-ils vus comme prenant le contre-pieds de la civilisation, passaient pour s'opposer au progrès et à ce que l'on estimait être une saine vie culturelle. Shakespeare s'en est fait l'écho lorsque il confronte Mac Bethe aux trois sorcières, image de l'inconscient du héros et des démons qui l'habitent. Contrairement à ce que l'on croit, ce n'est pas au Moyen Age qu'eurent lieu les persécutions contre les sorciers mais au XVIe et au XVIIe siècle. On pourrait s'en étonner quand on pense que le Grand siècle fut celui où raison et croyance étaient associées en un juste équilibre pour le plus grand profit de la conscience humaine. Qui plus est, cette condamnation était le fait non seulement des classes populaires mais aussi des magistrats membres des cours parlementaires. Même dans les milieux cultivés la peur de l'inconscient et de l'irrationnel était présente puisque des personnages aussi éminents pouvaient se laisser aller à ces excès. On ne voyait pas qu'en agissant ainsi, on ne faisait qu'accréditer ces idées dans les esprits de façon à détourner ceux-ci des profondeurs de leur âme et retarder leur évolution personnelle.

On trouve toujours dans les traditions du monde occidental une tendance à vouloir instaurer une dichotomie à l'intérieur des choses et à répartir celles-ci dans un système de valeurs ayant trait soit au bien soit au mal. Les époques où le diable était une réalité bien tangible ont toujours tenu à établir une barrière visant à diviser les éléments existants en deux catégories selon qu'ils étaient supposés bons ou mauvais. Tel était le cas en particulier des créatures animales. Certaines croyances estimaient que si les unes avaient été créées par Dieu, comme le mouton, le chien, le lièvre, le cheval, la vache, le taureau, d'autres, jugées laides ou malfaisantes, avaient été conçues par le diable, ainsi le loup, le renard, le putois, l'âne, la chèvre ou le bouc. Il n'entrait pas alors dans les considérations du temps de penser que tous participaient à un équilibre écologique dans lequel s'enchaînait de façon naturelle l'ensemble du monde créé. Leurs convictions étaient motivées par des sentiments et des craintes surgis du fond d'eux-mêmes et qui n'avaient pas été soumis au plus juste esprit critique.

Cette volonté d'instituer une pareille dualité à l'intérieur de l'univers, très particulière au christianisme, montrait bien cette crainte que l'on avait de l'inconscient. Cette attitude ne pouvait que favoriser les idées reçues, maintenir les préjugés, empêcher le progrès des consciences et l'unité spirituelle de chacun.

Cette tendance à se refuser à donner au bien une valeur simplement relative a conduit les hommes à polariser le mal sur des éléments sociaux spécifiques et à en faire les objets d'une répulsion non canalisée. La peur qu'ils éprouvaient face aux malheurs des temps devait trouver un exutoire dans des catégories bien déterminées lesquelles durent servir de réceptacle à leurs appréhensions. A des époques où la religion était censée procurer la sécurité indispensable à la vie communautaire, les hérétiques, en premier lieu, furent tout naturellement considérés avec aigreur et combattus sans relâche, tout comme les infidèles à l'extérieur de la chrétienté. Les Juifs furent de la même manière l'objet d'une haine tenace car, peuple irréductible à l'assimilation, ils n'en exerçaient pas moins un rôle jugé disproportionné à leur importance numérique. Les lépreux suscitèrent aussi la crainte des populations. Enfin, le « deuxième sexe », la femme, encourut de la part de son partenaire un certain opprobre. Objet de fascination et d'adoration, elle créait en même temps un sentiment de répulsion de par le mystère qui l'auréolait aux yeux de l'âme masculine. Cause de bien des passions, elle était aussi vouée à la méfiance de son compagnon en raison de ses contradictions. Plus proche que lui de la nature, puisque elle enfantait, elle pouvait aussi provoquer son exécration du fait de la souillure qui l'entachait par son contact avec le sang. Ainsi n'y avait-il parfois qu'un pas entre elle et la sorcière, celle-ci délibérément rejetée par l'homme. Cette habitude de diaboliser certaines communautés trouve son prolongement dans les séparations arbitraires auxquelles se complaisent certaines personnalités. Le parti pris inavoué qu'ont ces individus envers leur inconscient s'exprime dans la tendance à définir une ligne de conduite sur une fallacieuse division du genre humain, conformément à des critères bien à eux. Pour trouver une excuse à des actions immorales, ils se targuent de répartir les gens en strictes catégories. « Le monde se divise entre malins et imbéciles, entre exploiteurs et exploités… », tels sont les leitmotivs colportés par des être étroits d'esprits qui ne font que projeter sur l'extérieur leur division intime. Parce qu'ils sont inconscient d'une partie de leur nature et ne connaissent pas l'unité intérieure, ils sont empêchés d'atteindre à toute la complexité de l'âme humaine.

Malgré toutes les craintes dont il faisait l'objet et qui s'exprimaient sous des formes bien précises, on aurait tort, cependant, de croire que l'inconscient ait été ignoré et non pris en compte. La richesse symbolique du dogme chrétien se chargeait effectivement de l'exprimer aux moyens d'images que Jung qualifie d'archétypiques et qui résument bien l'universalité des mythes dont l'origine se trouve dans l'inconscient collectif. C'est ainsi que pendant des siècles, l'inconscient de l'individu fut tenu en laisse et domestiqué, le dogme et la liturgie catholique en extériorisait les images, ancrant ainsi solidement les individus dans l'univers. Reliés à l'invisible, leur âme y trouvait une nourriture spirituelle propre à les sécuriser sur terre.

Pour autant, cette vie spirituelle développée par l'Église restait insuffisante dans son expression de la réalité humaine et ne faisait que retarder à plus ou moins longue échéance la manifestation des pulsions restées latentes en l'homme. Nier la réalité du mal ne pouvait qu'être préjudiciable à son âme car elle ne correspondait pas à la situation objective telle qu'elle se présentait à lui. Qu'on l'accepte ou non le mal existait, et il ne suffisait pas de contester le principe de sa réalité pour le combattre. Le XXe siècle avait donné assez d'exemples de calamités humaines, de catastrophes et de désastres aux conséquences dramatiques pour qu'il paraisse vain de continuer à se leurrer à ce sujet. Les guerres, les génocides et les destructions de toute sorte favorisés par des moyens techniques d'une ampleur sans précédent sont là, effectivement, pour témoigner de la puissance exercée par le démon, véritable « prince de ce monde ». Or, Jung estime que les esprits en sont insuffisamment conscients et c'est cette inconscience qui résume le drame de l'être humain à l'époque contemporaine.

La vérité est que la position de l'Église vis à vis de l'inconscient s'en tenait à une conception de l'homme résolument tournée vers sa Rédemption et la transcendance de son âme. Ce faisant, elle différait de celle défendue par la psychologie moderne, telle qu'elle devait se développer au XXe siècle. Si la confrontation entre les deux positions prenait un tour si aigu, c'est dans la mesure où leurs considérations s'orientaient vers l'exercice de la liberté humaine. La doctrine chrétienne était tournée vers l'homme, image de Dieu, et comme telle mettait toute sa confiance en lui et en sa volonté. Le Christ était venu sur terre pour lui apporter la liberté, l'affranchir de toutes les contraintes que la croyance en le destin et en la fatalité avait auparavant mises à son action. L'homme était libre, libre de choisir entre le bien et le mal, et c'est de l'usage de sa liberté que dépendait le triomphe en lui de la volonté divine. Mais la psychologie moderne se faisait de lui une idée moins flatteuse que celle ayant eu cours dans les siècles passés, car elle voyait en l'inconscient, l'hérédité et les habitudes, une limite à la liberté humaine. Les psychologues, et Jung en était, estimaient que l'homme était victime de forces obscures dont il ne pouvait être entièrement maître et qu'il lui incombait de mettre à jour pour mieux les canaliser. La liberté ne lui était pas donnée intégralement à sa naissance, à l'inverse de ce qu'estimait l'Église. Elle était un germe à dégager et à faire grandir, et comme telle dépendante de déterminismes dont elle ne parvenait jamais à se dégager totalement. Dans les actes libres se mêlait toujours une certaine dose d'action involontaire. Après tout l'Église elle-même n'affirmait-elle pas « je ne fais pas le bien que je veux et je fais le mal que je ne veux pas » ?[18]. Il y avait donc une certaine injustice à faire porter à la créature humaine la pleine responsabilité de tous ses actes et il était tentant d'assimiler l'homme à un enfant ou à un malade. Ceci explique la compassion éprouvée par les psychologues envers les criminels et leur désaveu d'un châtiment trop excessif. Ils pensaient que leurs méfaits étaient suscités par des motifs inconscients enfouis en leur âme et que seule une analyse de celle-ci pouvait exhumer et rendre conscients.

Déjà, bien avant les psychologues de notre temps, des esprits, sans atteindre à leurs conclusions quant à la conduite à adopter, avaient exprimé l'ambivalence de l'âme. On pourrait trouver dans la littérature française des exemples mettant en lumière cette ambiguïté de la nature humaine, l'incertitude qui tend à nous faire relativiser ce qu'auparavant nous tenions pour le bien. Le XVIIe siècle, tout particulièrement, a su à cet égard briller par la brillante analyse psychologique de ses hommes de lettre, soit par la manière dont ils ont présenté les secrètes motivations déterminant nos actes. Ainsi trouve-t-on dans les maximes de La Rochefoucauld des mots aussi pertinents que savoureux par leur façon de pénétrer l'esprit de chacun et de présenter les travers de son âme. Soldat engagé dans la fronde contre le pouvoir royal et ayant le don d'opter pour des actions sans issue, La Rochefoucauld eut à souffrir de la conduite de ses semblables à son endroit ce qui détermina chez lui une idée très pessimiste de la nature humaine. Il s'appliqua alors à montrer, au moyen de phrases courtes mais pleines de vérité, que toutes les vertus affichées par l'homme ne sont en fait que les masques de ses vices. L'amitié ne fait que cacher l'intérêt, la bonté appelle le désir de reconnaissance, la clémence d'un prince n'est exprimée que par vanité à seule fin de gagner l'amitié des peuples et il existe beaucoup d'hypocrisie derrière tous nos bons mouvements. « L'amitié la plus désintéressée n'est qu'un trafic où notre amour-propre se propose toujours quelque chose à gagner »[19], affirmait-il. La leçon retirée de ces réflexions réside dans la lucidité, celle qui consiste à comprendre qu'existent en nous nombre de défauts à côté de nos quelques qualités.

Le débat entre la religion et le monde des psychologues trouva son expression dans une lettre adressée à ces derniers par le pape Pie XII où il clamait son refus de concéder à l'homme l'indulgence avec laquelle ils le traitaient. « Ce n'est pas ainsi que le Créateur a façonné l'homme... On ne prétendra pas que les troubles psychiques et les maladies qui entravent le fonctionnement normal du psychisme sont les données habituelles »[20]. L'homme avait sa grandeur et celle-ci ne se justifiait que par la capacité de la créature à se transformer et à s'améliorer. Le Saint Père pensait que l'on devait lui reconnaître la pleine liberté de ses actes, pour lui la première éducation de la liberté. Il estimait que les psychologues, en excusant le péché trop facilement, tendaient à diminuer la volonté de lutte enracinée en lui.

Mais Jung, lui-même psychologue, tenait à garder son entière liberté vis à vis du dogme chrétien. Le Dieu mystique qu'il invoquait, vivante expression du Soi, incluait toutes les données de l'âme humaine et parmi elles, les images issues de l'inconscient. Cela lui faisait juger la voie empruntée par l'Église peu conforme à la totalité de la réalité psychologique humaine. Dans l'Antiquité, les Grecs surent ménager une place à ces puissances élémentaires en adorant un dieu au caractère tout particulier puisqu'il avait pour mission de représenter et d'exhumer ces forces instinctives, Dionysos, assimilé par les Romains à Bacchus.

Dionysos et vie de l'âme.

Pour les esprits modernes, il est coutume de faire de cette divinité le dieu de la vigne et du vin, soit un dieu jovial intimement épris du plaisir, le symbole de l'enthousiasme et des désirs amoureux. Ce n'est pourtant là qu'un lieu commun qui ne fait que traduire son caractère dénué de toute rationalité, n'en exprime qu'une connaissance superficielle et stéréotypée, car son symbolisme recouvrait en fait un champ bien plus large. La naissance de Dionysos elle-même dit bien sa nature. Fruit de l'union de Zeus et de Sémélé, il naquit de sa mère foudroyée par le maître de l'Olympe apparu dans tout son éclat. Issu des embrassements du Ciel et de la Terre, il représente la vie jaillissant des entrailles du sol, symbole du lien entre la conscience et l'inconscient. Il personnifie l'exubérance, donne libre cours à tous les interdits et, expression du fond obscur de chacun, guide l'être humain dans sa quête spirituelle. Tout fervent de Dionysos aspire à sortir de lui-même par l'extase, à se mettre en union intime avec le dieu dont il est pour un temps possédé.

Ce culte permettait aux Grecs d'avoir un rapport avec le divin différent de celui avec les autres dieux, car Dionysos leur faisait avoir une saine relation avec leur âme et exorciser toutes les énergies de leur inconscient. Celui qui accepte l'emprise du dieu connaît subitement un comportement incontrôlé qui le met momentanément hors de lui-même. Mais si au contraire il méprise Dionysos, il s'ampute d'une partie de son individualité et méconnaît un aspect fondamental de sa nature. L'exprime le mythe des bacchantes, trois femmes qui, pour avoir refuser Dionysos, furent rendues folles par ce dernier.

Sa position d'intermédiaire entre la lumière de la conscience et les ténèbres de l'inconscient fait donc de lui un dieu ambigu, image du choix délicat auquel l'homme est confronté. S'il symbolise l'union de l'âme avec le divin, il représente aussi le danger d'une submersion de la conscience par l'inconscient aboutissant à la dissolution de la personnalité. Cette dernière peut évoluer tout comme elle peut régresser. Dionysos est la vie s'exprimant sans contraintes ni limites et, selon qu'il est considéré avec respect ou au contraire ignoré, comble l'homme de ses bienfaits ou le conduit à la folie. Si les forces inconscientes qu'il représente ne sont pas correctement canalisées, elles s'emparent de la conscience humaine et la vouent aux actes les plus inconséquents, ainsi le peuple allemand possédé par Dionysos appelé par lui Wotan. Parmi tous les dieux païens, Dionysos est celui qui personnifie le plus authentiquement l'âme humaine en ce qu'elle a de plus total et de plus complète. Il évoque l'autre partie de nous-mêmes, celle restée mystérieuse et sauvage, opposée à notre moi raisonnable et policé. Image des transports, des passions et des élans extraordinaires, il prend le contre-pied d'Apollon, inspirateur de la raison et de la mesure. « L'élément dionysiaque concerne l'émotionalité et l'affectivité de l'homme qui n'ont pas trouvé dans le culte et l'éthique du christianisme – principalement apolliniens – une forme religieuse appropriée [...] le carnaval a été sécularisé et l'ivresse divine a été bannie de l'espace sacré. A l'Église sont restés la tristesse, le sérieux, l'austérité, et une joie spirituelle bien tempérée »[21].

Parce que précisément son image était celle de tous les débordements, Dionysos allait être, bien malencontreusement pour l'homme, condamné et rejeté par l'Église chrétienne, qui allait pervertir le dieu de l'enthousiasme en l'assimilant à Satan et au mal. L'épisode mythologique lors duquel Dionysos descendit aux enfers le fit passer pour une divinité chthonienne et facilita son osmose avec l'ange déchu. Pour les chrétiens, Dionysos personnifiait le vice, la déchéance, la faiblesse humaine. Toutes les pulsions inconscientes que les Grecs avaient tenté d'assimiler en lui rendant un culte étaient refusées par la nouvelle religion. Par son intransigeance, celle-ci marquait sa position envers l'inconscient, cette partie de l'âme que Dionysos exprimait mais que le dogme chrétien voulait refouler. Allant à l'encontre du paganisme et de sa volonté de garder l'équilibre entre la raison et la vie par le maintien des liens avec les forces instinctives, les Pères de l'Église voulurent faire du christianisme une religion exclusivement apollinienne. Apollon représentait un idéal qui faisait tendre l'homme vers le beau et le bien. A son exemple, le christianisme s'efforçait de discipliner les pulsions humaines et d'assurer le progrès spirituel de la conscience en lui permettant de remporter la victoire sur l'inconscient grâce à une plus grande connaissance de Dieu. Appelant à la maîtrise de soi et la répression de la violence, le dieu soleil apportait une sagesse qui était le fruit d'une conquête, celle conduisant l'esprit humain du fond de la caverne obscure aux plus hautes cimes des cieux, soit la sortie de l'âme de l'inconscient à la conscience. Telle fut l'orientation du christianisme, une spiritualisation achevée menée sous le signe d'Apollon symbole de l'ascension humaine.

A juste raison, Jung craignait que ce choix n'ait de graves répercussions sur le devenir de l'individu, car l'inconscient, ne pouvant indéfiniment être tenu en lisière, devait tôt ou tard forcer la personnalité. Tous les archétypes qu'il recelait avaient certes été exprimés par le dogme chrétien au moyen de symboles, mais ceux-ci avaient été codifiés et fixés par une tradition uniforme. Ils n'en avaient pas été privés de leur force, laquelle ne pouvait être éternellement contenue et privée d'une possibilité individuelle d'expression par un enseignement trop rigide. C'est là un danger que peut nous faire connaître le dogme si la souplesse lui fait défaut quand il est confronté aux consciences. Si achevé soit-il, il montre alors une faiblesse inconnue des religions ayant précédé le christianisme, dans lesquelles les traditions n'étaient pas fixées par des textes.

La volonté des théologiens de refuser d'intégrer le mal, soit toutes les forces élémentaires de l'inconscient, au sein d'une unité divine aboutissait finalement à un nouveau dualisme surgissant des cendres du vieux manichéisme. L'existence d'un Dieu infiniment bon accompagnée du rejet de tout principe négatif débouchait sur une situation explosive. Dans les conceptions de Jung, l'individualité que chaque personne était susceptible d'affirmer était nécessairement le résultat d'une synthèse entre les deux principes, celui du bien et celui du mal. Un Dieu exclusivement bon ne pouvait aboutir à cette conclusion et son adoption risquait de générer chez l'homme un déséquilibre psychologique pouvant être dramatique.

Principe de la quaternité.

Afin que soit empêchée cette tragédie, il importait de prévoir un contrepoids à la toute puissance du bien en donnant une place au mal dans le mystère divin. Nous avons tenté d'expliquer que la Sainte Trinité était un symbole très riche permettant à l'homme de trouver son Soi, la plus haute expression de l'individualité humaine. Mais si elle était à même de nous faire entrevoir le centre de notre personnalité, elle n'en était pas l'expression la plus achevée, tant s'en faut. Pour que celui-ci soit représenté de façon riche et significative Jung estimait qu'il fallait lui adjoindre un quatrième élément, à savoir précisément le mal. S'il était fait une place à Satan à côté de la Trinité, les trois personnes divines se voyaient offrir un opposé rétablissant l'équilibre. La vérité psychologique de l'âme humaine était ainsi respectée car le bien était relativisé et il appartenait désormais à l'homme de décider librement de ses choix et de mieux définir ses valeurs. De cet état, le psychologue zurichois se faisait l'avocat en apportant à la théologie chrétienne l'idée de *quaternité*, plus complète et plus totale que celle de Trinité. Jung voyait en effet dans le chiffre quatre l'expression la plus aboutie de la psychologie humaine puisque il englobait tous ses aspects.

Sur ce point, notre psychologue parle de la différence existant entre quatre et trois. Même s'il est symbole de perfection, le trois n'avait pas entière vocation à relier l'homme à l'univers. La Trinité restait encore trop abstraite et ne représentait en elle-même qu'un but, un idéal proposé à l'homme qui cherchait une voie à suivre. Elle ne disait rien de la manière dont il devait s'engager sur cette voie et ne posait pas de façon claire et précise le problème de sa confrontation avec le monde et le mal. En s'abstenant d'enlever au bien son caractère idéal, soit en refusant d'intégrer le mal à l'âme humaine, le dogme chrétien avait créé une distance entre l'homme et l'univers, source pour le premier d'orgueil et de démesure. « Que notre représentation dominante de la totalité s'exprime par le Trois ou par le Quatre, voilà qui entraîne des conséquences pratiques. Dans le premier cas, tout le bien vient de Dieu, tout le mal de l'homme. Alors, le diable c'est l'homme. Dans le second cas, l'homme a une chance d'être sauvé de la possession diabolique, pour autant qu'alors il ne subisse pas l'« inflation » par le mal […] Dans la quaternité, la puissance du mal, qui est tellement plus grande que celle de l'homme, est restituée à la totalité divine »[22].

Cette attitude particulièrement consciente, permise par la quaternité, évoque alors ce que Jung a appelé la fonction transcendante. De façon générale, la transcendance ramène à l'idée de supériorité, de dépassement, la progression à partir d'une situation de base vers une réalité améliorée. Pour Jung, la fonction transcendante « permet le passage organique d'une attitude à une autre, c'est à dire sans perte de l'inconscient »[23]. La confrontation avec notre inconscient, précisément, nous permet d'avancer et d'obtenir la connaissance, tel le Christ qui, sujet parfois au doute, a préféré l'intégrer plutôt que de le nier, afin de mieux le surmonter et ainsi atteindre à une personnalité supérieure. Mais rares sont les êtres qui parviennent à une telle force d'âme, car il est bien plus facile de se conformer aux usages et aux idées reçues si l'on veut connaître le succès. Chacun d'entre nous est tenté par le désir de rester dans l'ornière et, s'il arrive qu'une personne veuille s'élever au dessus des conventions pour exprimer trop clairement son originalité, alors elle peut susciter l'opposition de ses semblables, « crucifiée » qu'elle est par l'incompréhension pour le progrès et la nouveauté. Chaque jour ainsi, le Christ est mis à mort car les contraintes de la vie consciente empêchent l'individu de se livrer à une étude approfondie de lui-même. « Notre vie civilisée d'aujourd'hui exige une activité consciente concentrée et orientée, ce qui constelle par suite le risque d'une coupure radicale d'avec l'inconscient »[24].

Ce trait de caractère allait longtemps perdurer au sein des conceptions occidentales, jusque dans les réactions suscitées par la religion, car aux excès de celle-ci allaient s'opposer d'autres excès et le même état d'esprit continuer à exercer son emprise sur les mentalités. L'unilatéralité caractérisant le dogme chrétien constamment défendue par l'Église devait finalement provoquer les contestations de l'époque moderne et faire succéder à la croyance en la Révélation le culte de la science et du progrès. A une position tranchée succédait une position tout aussi systématique à ceci près que n'existaient plus toutes les richesses du dogme religieux en lesquelles on ne croyait plus désormais. La méfiance envers l'inconscient demeurait plus vive que jamais et sa séparation avec la conscience claire, encouragée par le cartésianisme et l'Église catholique, était toujours à l'ordre du jour. Le christianisme avait influencé l'esprit occidental de façon irrémédiable, la doctrine de la privation du bien en l'homme ayant définitivement marqué la conscience européenne, ce jusqu'à l'époque actuelle. Seulement l'inconscient ainsi méprisé allait se venger, et la triste habitude de nier la réalité du mal allait être source d'un optimisme excessif n'ayant aucune conscience des démons destructeurs agissant du fond de notre âme. Le désir de toute puissance de l'homme contemporain est pour Jung le résultat d'une absence de relations avec sa partie obscure, celle qu'il a refusé d'intégrer à sa personnalité par manque d'humilité. Jamais autant qu'à notre époque le mot de Socrate « Connais-toi toi-même » n'est apparu aussi pertinent.

Alchimie et renaissance de l'âme.

« L'alchimie reprend et prolonge le Christianisme. Le christianisme a sauvé l'homme, mais non la nature »[25]. Précisément, dans son intérêt pour le monde naturel, l'alchimie proposait un remède aux défaillances issues de la voie où s'était engagée l'Église officielle.

Dans sa volonté de connaître toutes les formes de spiritualité connues par l'humanité, Jung s'est intéressé à celles les plus cachées, les plus ésotériques et les plus en marge des croyances officielles, afin de déceler des traces visibles des symboles archétypiques dont il voulait montrer l'universalité. Ainsi a-t-il éprouvé un vif intérêt pour l'alchimie, cet art occulte, mystérieux et original que certains hommes ont pratiqué aux époques médiévales et modernes et qui a exercé une fascination indéniable sur les esprits de leur temps. « L'alchimie est la mère des contenus essentiels de la pensée »[26] soutenait-il.

La tradition a présenté l'alchimie comme l'art de transmuter les métaux. Ceux qui le pratiquaient supposaient que ces derniers étaient vivants, et que leur destination était de se transformer en or, métal parfait. A terme, ils rêvaient d'obtenir la pierre philosophale censée communiquer à son détenteur toute sorte de pouvoirs merveilleux. L'alchimie est ainsi passée à la postérité comme étant « l'art de faire de l'or », en vertu de quoi ses adeptes furent considérés comme des hommes uniquement préoccupés de s'enrichir par la découverte des secrets de la matière. Pourtant, au delà de buts aussi matériels existait une alchimie mystique davantage attachée à la vie du cosmos régi par Dieu ainsi qu'à l'âme humaine et à son devenir spirituel. Ce choix était celui d'hommes profondément croyants dont toute la vie était réglée par le sens du sacré et qui avaient pour désir véritable de faire naître un nouvel être humain, accompli et spiritualisé.

A partir de là, on en est venu de nos jours à désigner sous le terme d'alchimie toute opération de transformation quelle que puisse être sa nature. Peut être en effet considérée comme alchimique chaque tentative pour faire passer les choses d'un état initial et élémentaire à un état élaboré et achevé. Principe tourné vers l'action et le dynamisme, l'alchimie s'oppose à tout ce qui est sur terre inerte et immobile, fait en sorte que ce qui existait déjà à l'état latent émerge et s'anime. A l'image de l'agriculture qui permet que d'une graine naisse une plante, elle exprime la vie animant la matière et le pouvoir de Dieu dans la nature. Ce qui est vrai pour celle-ci l'est aussi bien pour l'homme, car le but de son existence est de mener à bien l'opération alchimique visant à transcender son âme.

Par conséquent, le but de l'alchimiste n'est pas tant la recherche de l'or dans son acceptation la plus stricte que l'épuration de l'âme et les métamorphoses de l'esprit, et son action expérimentale n'existe qu'en relation avec les plus nobles idéaux. La transmutation du plomb en or représente l'effort de l'être humain tendant vers le Beau et le Vrai, assurant par là sa transmutation spirituelle. Aussi, une fois dépassé le préjugé de vulgaires sorciers entachant l'image des alchimistes, force est de voir en eux des philosophes au sens le plus complet du terme. On comprend en même temps que leur art ait suscité l'intérêt de notre psychologue si l'on considère la richesse spirituelle qu'elle représentait pour l'âme. Tous les symboles dont usaient les alchimistes étaient autant de projections de l'inconscient.

Dans le but de favoriser l'accomplissement de chacun, les alchimistes ont voulu fonder leur art sur une connaissance approfondie de la nature. Selon eux, sous la diversité des choses naturelles, existe une essence commune à laquelle l'homme participe nécessairement. Minéraux, végétaux, animaux, chacun a une âme et la Création entière s'affirme comme l'expression même du Tout puissant. Ainsi ont-ils axé leur intérêt sur la science des corps, laquelle correspondait pour eux à une vision plus naturelle de l'être humain, et donné de la sorte une importance accrue à notre monde intérieur.

En définitive, l'alchimie serait la connaissance des lois de la vie de l'homme et de la nature, et la reconstitution du processus par lequel cette vie, souillée par la faute d'Adam, peut recouvrer sa pureté et sa plénitude. Si l'on considère que les « métaux vils » sont l'image de la chair et des désirs les plus triviaux et que la pierre philosophale représente la perfection, le passage du premier au second état serait celui de l'âme succombant à elle-même pour renaître en une existence supérieure. Trouver la Pierre philosophale n'est pas autre chose qu'approcher l'Absolu et posséder la Connaissance parfaite. Elle symbolise la victoire de l'esprit sur la matière, la communion avec Dieu, trouve son expression dans la passion du Christ. Les alchimistes font en effet revivre le mythe du Dieu qui meurt et ressuscite et pensent que la Résurrection de chacun peut être accomplie dans cette vie même. Il suffit pour cela de suivre une ascèse et de renoncer à tout ce qui sur terre entrave le développement de l'être humain authentique. L'alchimie, par son désir de s'élever au dessus des impuretés des passions terrestres, donne tout son sens au mystère de la sainte Trinité. « C'est tout le problème […] du processus de devenir de la personnalité, appelé processus d'individuation, qui s'exprime dans la symbolique alchimiste »[27].

Rien ne permet d'appréhender au mieux l'apport de l'alchimie dans l'épanouissement de l'individu que sa différence de nature avec la chimie moderne. Certes, celle-ci a succédé à l'alchimie et a concrétisé des intuitions que sa devancière avait formulées. Pourtant elle est avant tout une science et comme telle axe ses préoccupations sur l'analyse des corps simples et leur action les uns sur les autres. Elle ne tourne ses investigations que vers leurs formes extérieures, non leur transformation, et après chaque réaction chimique n'existent que les éléments présents auparavant. C'est plutôt à l'idée de purification, de transcendance et de développement que l'alchimie est attachée. Plus que vers les objets eux-mêmes, elle oriente son attention vers les préoccupations spirituelles de l'individu. Dans le principe d'évolution elle trouve sa vocation pour le plus grand bonheur de la personne humaine.

Par-dessus tout, cet idéal tire sa force du mystère entourant toute sa trame symbolique, car ce n'est que dans la mesure où le langage reste caché qu'il se rendra efficace auprès de l'individu. En cela, l'alchimie est une religion du mystère et montre au mieux l'importance détenue par le secret dans le cheminement spirituel de l'individu. Les alchimistes étaient peu soucieux de dévoiler la clef de leurs symboles car ils estimaient que cela eut enlevé toute leur efficacité à leur science. Révéler un secret est lui ôter toute valeur et l'on ne saurait faire un usage vulgaire de ces supports de sagesse. L'art du Grand Œuvre se rapproche là des célèbres mystères d'Eleusis, ainsi que de toutes les religions ésotériques au sein desquels la spiritualité dépend d'une tradition réservée aux initiés. Du moment que le message religieux n'est pas révélé au plus grand nombre, il dépend seulement de l'individu qui accepte de se soumettre à cette révélation d'en ressentir en lui les bienfaits et de laisser guider son âme par les images qui lui sont proposées. Un fait religieux resté caché fait ainsi toujours la part belle à l'individu indépendamment de la collectivité à laquelle il appartient. La promesse de ne pas dévoiler à ses semblables le contenu du message spirituel garantit l'effet exercé par ce dernier sur sa personne en même temps que reste intacte son indépendance d'esprit. Cela, Jung l'avait relevé lors de ses voyages, ainsi dans le nouveau monde où il fut frappé par le mystère de la religion des Indiens Pueblo. La force maintenant ce peuple, la personnalité qu'il avait su garder, lui venaient de ce secret renfermant ses croyances et grâce auquel survivait sa culture. « La préservation du secret donne au Pueblo fierté et force de résistance en face du Blanc tout-puissant »[28].

De fait, il est indiscutable que l'art alchimique offre à l'individu une vie de l'âme plus authentique, plus personnelle et plus mystique que celle renvoyée par les croyances officielles. Les alchimistes ont su proposer une voie spirituelle ayant pour avantage de faire connaître à leurs adeptes une vie intérieure plus intime, tout en leur donnant conscience de ce que le culte de leur temps pouvait avoir de figé. Au delà des dévotions populaires qui étaient le lot de la multitude, leur sagesse se présentait comme une mystique visant à intérioriser Dieu en leur âme par étapes successives. Son but était à terme de trouver l'illumination et c'est en ce sens qu'elle suscitait l'inquiétude de la théologie traditionnelle. L'Église, qui n'avait pour but que de rassembler les fidèles dans une même vie communautaire cimentée par des traditions, n'éprouvait que méfiance envers tout ce qui pouvait détourner les croyants de la vie sociale, en dépit de son attachement au dogme du Saint Esprit. « Alors que, dans l'Église, la différenciation grandissante du rite et du dogme éloignait la conscience de ses racines naturelles dans l'inconscient, l'alchimie et l'astrologie se préoccupaient inlassablement de ne pas laisser tomber en ruine le pont les reliant à la nature, c'est-à-dire à l'âme inconsciente »[29]. Le secret dont l'alchimie s'entourait faisait passer celle-ci pour un art occulte et comme tel suspect de magie et de superstitions, toutes choses propres à laisser perplexes les membres reconnus de l'autorité ecclésiastique. La tendance à laquelle ceux-ci cédaient vouait l'individu à vivre uniquement en conformité avec des usages imposés. Tout en acceptant les principes du dogme chrétien, l'alchimie proposait à ses adeptes d'ouvrir leur âme à un savoir plus large et une vie religieuse plus profonde. Jung voyait dans la Pierre philosophale, tant rêvée par les alchimistes, un symbole de notre Soi, et considérait que cette philosophie pouvait apporter un intéressant complément au dogme religieux en aidant à l'épanouissement personnel de chacun.

Il existe un conte de fée qui exprime cet approfondissement, *Blanche neige et les sept nains*. « Ah ! que n'ai-je un enfant *blanc* comme la neige, *rouge* comme le sang et *noir* comme le bois de ce cadre ! » dit la mère de Blanche-neige. L'œuvre au blanc, l'œuvre au noir, l'œuvre au rouge, ces trois couleurs marquant les étapes du travail alchimique jusqu'à la pierre philosophale, image du Soi. Le travail des nains s'activant dans leur mine pour en extraire des diamants va dans le même sens, représentent ce désir de l'âme d'extraire en elle le joyau mystérieux et caché. Blanche-neige elle-même meurt finalement à la vie profane pour renaître à la lumière.

Entre cette renaissance prônée par l'art royal et les principes de l'ordre maçonnique existe une intime corrélation. Du statut d'apprenti à celui de maître existent une succession de grades jalonnant le parcours du franc-maçon, lesquels représentent autant de renaissances successives. Chacun doit progressivement acquérir la maturité et la sagesse. Les couleurs blanche, noire et rouge présentes dans les rituels maçonnique en témoignent, même si leur ordre de valeur n'est pas le même que dans l'alchimie. Le tablier blanc de l'apprenti, les draps mortuaires noirs, la couleur rouge visible dans les décors sont autant de symboles à la signification évocatrice.

A travers l'alchimie se perçoit au regard de Jung la faiblesse inhérente à l'évolution de la croyance religieuse. Le message de liberté et d'humanité que Jésus était venu apporter au monde avait été détourné de sa vraie valeur par la civilisation occidentale. Aussi d'autres cultures devaient-elles proposer à l'homme des choix différents visant à lui faire prendre conscience des excès du monde moderne.

CH. 3   LE MYSTÈRE DE L'ORIENT

Le mirage oriental

L'Orient est à l'Occident ce que le rêve est à la raison, une ouverture sur un monde d'images et de fantaisie susceptible de favoriser le rajeunissement de l'âme.

Les voyages de Jung furent pour lui l'occasion d'avoir un contact direct avec diverses religions, d'étudier et de comparer les mentalités et les conceptions de la vie humaine émanant de civilisations fort différentes les unes des autres. En particulier, l'Extrême-Orient fut un terrain d'investigation d'une richesse inouïe de par le très ancien héritage culturel qu'il léguait à l'humanité. L'Inde, « un monde comme celui des rêves »[1], devait fasciner le psychologue par son côté magique et mystérieux, lui proposer une riche spiritualité destinée à le marquer durablement et donner un certain relief à sa pensée. Il avait devant lui une civilisation dont le niveau culturel ne le cédait en rien à celui européen et son immersion dans le pays lui permit de dégager les bases de ses traditions de façon à pouvoir les confronter avec celles de l'Occident. La religion personnelle de Jung se voyait enrichie de toutes les expériences que lui apportaient ses périples de par le monde. Ainsi fut-il mieux à même de prendre la mesure de la culture européenne, de sa valeur et surtout de ses faiblesses.

L'Occident a donné l'exemple de tout ce que l'homme était capable de faire quand il était guidé par sa volonté et son énergie. Grâce aux bienfaits prodigués par la science, ce dernier est parvenu à améliorer sa condition et son bien être, à acquérir la maîtrise de son univers et à dominer son espace. Usant au mieux de son intelligence, il a accru son emprise sur la nature. Ce seul résultat, propre à lui donner le plus haut sentiment de sa dignité, montre à quel point il a su se hisser au dessus de l'animal et se rapprocher de la divinité par sa compréhension profonde de l'œuvre du Créateur.

Mais de tels succès sont vains s'ils ne vont pas de pair avec une attention soutenue accordée à lui-même. Au delà de la place qu'il a su se conquérir, il lui faut réaliser que sa perception de l'univers détient une grande partie d'illusions et ne saurait en elle-même lui assurer bonheur et plénitude intérieure. Si abouti et achevé que paraît être le monde moderne, il ne permet pas pour autant le plein exercice de la liberté, base de l'empire de l'homme sur lui-même. Si celui-ci ne réalise pas le caractère artificiel de la vie que son avance scientifique lui a procurée, il demeure l'esclave des tentations de son univers comme le montre trop clairement l'exemple du peuple américain.

La maîtrise du monde visible n'est en effet qu'un aspect de la vie terrestre. Dans une large mesure, tout n'est qu'apparence ici-bas et l'homme doit tenter d'aller au delà s'il veut approcher les fins dernières de son existence. La réalité ne saurait définir celle-ci à elle seule car la vie imaginaire a aussi son importance et l'on oublie trop souvent que le monde réel en est le fruit. Précisément, ce que nous appelons réalité n'existe que parce que nous y mettons beaucoup d'imagination afin de lui donner force et consistance.

Le rêve et l'imagination sont aussi nécessaires à l'être humain que l'air à sa respiration. La puissance que détient l'idée est là pour montrer l'influence exercée par notre vie intérieure sur nos actes puisqu'en son nom il est arrivé que soient massacrés des millions d'êtres humains. C'est bien la preuve de son importance et, qu'au lieu de se laisser dominer par elle, il est préférable de la canaliser, en tirer sa richesse pour le plus grand profit de la conscience humaine. La réalité n'est accomplie que parce qu'auparavant elle a été imaginée et derrière toute entreprise à finalité concrète existe toujours un monde de rêve sans lequel la perfection ne pourrait être approchée. Sans pour autant se fourvoyer dans les chimères, on peut en tirer ce qui est raisonnable pour que progresse la vie des hommes. Capitaux dans l'équilibre psychologique de l'être humain, le rêve et l'imagination assurent sa santé morale à celui-ci, donnent force et noblesse à sa vie créative. Ils n'en ont pas moins été dévalorisés par l'Occident, lequel, au nom du pur esprit pratique, les a relégués dans une vie taxée du nom d'oisiveté, perçue comme paresse par la mentalité moderne.

Le rêve devrait être vu en fait comme une possibilité de réduire des tensions provoquées par un excès d'activité, une compensation aux déceptions qui sont notre lot. La vie de notre imaginaire est une libération en ce sens qu'elle nous engage à un certain détachement, à relativiser ce que nous croyons à tort essentiel. Est accrue notre maîtrise de soi. Est favorisée notre emprise sur les évènements, ce qui permet à notre personnalité de s'affirmer et lui donne une vision plus lucide de l'avenir. Cette vie méconnue de l'être humain résume la sagesse orientale et l'évidente complémentarité qu'elle apporte à l'esprit du monde moderne, tel un jardin pour l'être surmené. Ainsi l'observait Jung au sujet de l'Inde : « L'Inde nous apparaît comme un rêve : on est repoussé dans l'inconscient, dans ce monde non affranchi, non civilisé, primitif, dont nous ne pouvons que rêver puisque notre être conscient le renie. L'Inde représente l'autre voie de civilisation de l'homme, la voie sans oppression, sans violence, sans rationalisme »[2]. Dans le même sens allait l'écrivain Paul Morand lorsqu'il disait « L'Asie est le subconscient du monde, les rêves y règnent sans partage ».

L'âme d'enfant, celle qui existe en chacun d'entre nous, est la marque caractéristique de la spiritualité et de l'art oriental. S'il sait la retrouver, l'homme pourra supporter le stress généré par un monde axé sur la productivité et l'efficacité. En l'exprimant, il obtiendra un oeil neuf l'incitant à considérer son univers avec distance. Il retrouvera les valeurs essentielles de l'humanité, le don du cœur par exemple, tout en écartant les vanités de l'homme adulte, l'orgueil, l'intellect pur, le démon du pouvoir ou la soif de richesse. Grâce à la nouvelle jeunesse acquise, il ne vivra plus sur le seul plan rationnel car il aura su renouer avec l'émotivité de l'enfant. Il verra alors le monde dans ce qu'il a de simple et de meilleur. C'est cet esprit si particulier que la culture orientale a voulu transmettre en l'appliquant à sa conception de la vie humaine. L'enfant a en effet une imagination fabuleuse et, doué pour le symbolisme, peut très facilement substituer une image à un objet, a une aptitude qui lui permet de transfigurer les choses par la pensée. Il pense par symboles car sa compréhension du monde est à ce prix. C'est un don que l'artiste possède aussi, et les grands poètes sont ceux qui ont su garder en eux le sens symbolique de l'enfant. Les philosophes d'autrefois, pour qui la pensée était claire, s'exprimaient également au moyen des images, le mythe de la caverne transmis par Platon en fait foi. Aussi, un véritable enfant est toujours poète. Ce sens du symbole qui est son apanage caractérise chez lui une imagination belle et merveilleuse propre à lui faire transfigurer la réalité et à compenser son infériorité dans le monde des adultes.

Si la pensée orientale a su pénétrer cet esprit c'est parce qu'en elle se dégage le caractère symbolique et imaginatif présent dans l'âme humaine et qui fait tant défaut au monde occidental. Ce dernier, dans sa volonté d'être autonome face à la nature et de ne vouloir obéir qu'à la déesse Raison, a perdu contact avec ses racines élémentaires et bâti un monde fondé pour partie sur de froides abstractions. Le sens du merveilleux s'est perdu. Tout comme l'enfant qui en a besoin pour alimenter son imagination et le sécuriser dans le monde extérieur, l'être adulte en ressent la nécessité pour supporter les banalités de son existence quotidienne. Or, par opposition à la civilisation européenne, l'Orient a laissé une grande place au mythe et au symbole au sein d'une culture qui fait place au rêve et à la magie.

Cela n'implique pas que toute spiritualité soit absente de la culture occidentale, car le Christianisme a su proposer une mystique riche et profonde, mais la religion s'est peu à peu détachée de ses racines pour adopter l'esprit le plus rigide. Avec l'inquisition et le pouvoir temporel de l'Église a disparu la libre appréhension de la personne humaine. L'esprit évangélique est devenu extérieur à soi ; la foi nous a été suggérée du dehors au lieu de remonter du fond de notre âme. C'est le sens de l'intériorité que l'Occident a perdu et qui donne toute son importance à ce que peut lui apporter la sagesse orientale. Là prend son sens la complémentarité entre les deux cultures, et l'on découvre que ce que la civilisation chrétienne avait oublié a su être rappelé avec force par d'autres peuples. Si l'Occident a dégagé une pensée tournée vers l'action et le progrès, l'Orient a développé une spiritualité plus humble, a défini ses relations avec l'univers dans un esprit plus cosmique au sein duquel l'homme était mieux intégré. L'Occident a toujours défini la nature humaine en se référant au monde sensible, pour lui une réalité tangible. De celui-ci il a tenté, dans un souci d'observation, de dégager les lois, de tenter de discerner les causes premières et comprendre leurs effets. L'homme a connu alors le désir de dominer son environnement, source d'une volonté de possession effrénée. Tel n'était pas la démarche de l'esprit oriental qui estimait que le monde perçu par nos sens n'était qu'illusion, et qu'au delà existait une autre réalité ne pouvant être atteinte qu'au prix d'un long travail de l'individu sur lui-même.

De la sorte, l'Orient ne pouvait avoir vis-à-vis de l'inconscient la même attitude de méfiance caractérisant l'homme occidental car il avait naturellement dirigé son intérêt vers les profondeurs de l'âme humaine. A la différence de l'Europe attachée au développement d'une partie seulement de l'esprit humain, celle axée sur la raison et la compréhension du monde extérieur, la sagesse orientale englobait toute sa totalité, tant sa conscience que son inconscient. Dans une attitude mentale appropriée, l'Oriental reste à l'écoute des messages que ce dernier lui renvoie. Ce n'est pas par un enseignement dispensé de l'extérieur de sa personne par de quelconques institutions religieuses que lui parviendra la connaissance mais par un effort de méditation qui lui permettra de faire remonter images et pensées du fond de son être. Ainsi a-t-il établi les plus saines relations avec l'inconscient humain, choix qui n'est pas sans rappeler le rôle important joué par celui-ci chez les primitifs. A partir de ces derniers, toutes les civilisations ont développé leur propre culture ; simplement chacune d'entre elles s'est orienté vers un aspect particulier de leur esprit. De la mentalité animant ses ancêtres, l'homme occidental a choisi de développer la faculté d'observation de la nature et développé à partir de là sa compréhension du monde, base de sa suprématie sur celui-ci. A l'inverse, l'Oriental a opté pour l'observation de soi et développé l'immense faculté perceptive et sensitive caractérisant l'âme primitive. A partir de là, il s'est mis à méditer sur lui-même pour mieux parvenir à se définir dans sa relation avec le monde.

Bouddhisme et christianisme.

Le périple qu'il accomplit en Extrême Orient fut l'occasion pour Jung d'étudier avec soins le bouddhisme, spiritualité à laquelle des millions d'êtres humains avaient voué leur cœur. C'est tout particulièrement en Inde que notre psychologue put pénétrer la substance profonde de son message religieux. Le fait semble paradoxal si l'on sait que le pays avait rejeté celui-ci depuis longtemps pour revenir aux traditions hindouistes. Mais Jung considérait que son influence avait à jamais imprégné l'esprit indien et que le Bouddha était incontestablement le plus grand génie qu'il fut donné à celui-ci de produire. Il en acquit la certitude lors du réel pèlerinage qu'il fit au stupa de Sanchi, véritable sanctuaire de la religion de l'illuminé.

L'intérêt que le psychologue zurichois sut dégager de la confrontation avec ce monde apparaît tout particulièrement dans le rapprochement qu'il fit entre la pensée bouddhique et l'enseignement du Christ. Il alla jusqu'à comparer les deux personnalités, mettant en relation leurs ressemblances et leurs différences, faisant la lumière sur les divergences de mentalité séparant l'Orient et l'Occident et leur façon personnelle de concevoir le monde. Les rapports que l'homme entretenait avec celui-ci variait de l'une à l'autre religion. Si dans la conception européenne, l'homme avait le désir de s'affirmer face à son environnement, l'oriental, à l'inverse, voulait se détacher des choses existantes.

Précisément, c'est la façon dont chacune des deux religions conçoit l'homme dans sa manière d'appréhender l'univers qui permet de définir leur nature respective et de bien saisir leur différence.

Conformément à l'idée chrétienne, l'homme s'affirme au monde, se tourne résolument vers la vie et, considérant cette dernière d'après l'image que lui renvoie sa conscience, l'estime comme une valeur en soi. Aussi s'efforce-t-il de la maintenir, de lui assurer sa perfection propre et de l'amener à son plein épanouissement. Ce choix comporte pour lui le devoir de se dévouer à son prochain et de travailler au progrès de l'humanité, une conception qui culmine dans la notion d'un Dieu omniprésent, symbole de Vérité, invoqué par l'Ancien et le Nouveau Testament. L'importance du message fait de la religion judéo-chrétienne une religion de la Révélation : un Dieu s'est révélé, d'abord par l'intermédiaire de ses prophètes, puis en envoyant son Fils parmi les hommes. C'est de l'extérieur de lui-même que la grâce a été donnée à l'homme et face au Tout Puissant il reste en situation d'infériorité. Pour maintenir cette tradition, il soumet sa conduite et sa pensée à un ensemble de textes, de lois formant l'armature de la religion, un dogme auquel chacun doit se conformer.

Dieu apparaît comme la manifestation d'une présence latente en l'homme, l'expression d'une force puissante de son inconscient collectif qu'il lui appartient d'assumer et d'intégrer à sa personnalité. Pour l'esprit chrétien, la grâce qui atteint le fidèle doit être favorisée chez celui-ci par sa soumission à l'Église, « seul instrument terrestre de la Rédemption qui soit reconnu par Dieu »[3]. En reconnaissant l'institution ecclésiastique, le chrétien assujettit son âme à une volonté extérieur à lui-même et compromettant sa liberté personnelle. A partir de là prend son sens en Occident la notion de transcendance. Un Dieu tout puissant agit en l'homme de façon à le transformer et à provoquer une révolution en son âme, face à laquelle il ressent sa petitesse, sa faiblesse et son impuissance.

Brutalement saisi par une force qui le dépasse, l'homme reste soumis à la volonté divine, la vie de Jésus en témoigne. Non être humain mais homme-Dieu, le Christ n'est pas un philosophe mais un fondateur de religion qui bâtit son œuvre en s'appuyant de manière irrationnelle sur une Révélation. Jung le souligne en faisant observer que sa personnalité est difficilement compréhensible. « Le Christ est à la fois homme historique et Dieu et, par suite, beaucoup plus difficilement accessible ; au fond, il n'était point compréhensible, même pour lui-même ; il savait seulement qu'il devait se sacrifier, ainsi que cela lui avait été imposé du fond de lui-même. Son sacrifice l'avait frappé comme l'eût fait un destin »[4]. Lui-même, au cours de sa vie très courte, ne se comprenait pas toujours, ainsi la nuit du calvaire lorsqu'il interrogea son Père sur la raison de son sacrifice avant de se résigner à accepter son destin. « Seigneur, que ta volonté soit faite ! »[5]. Là entre en jeu le phénomène de la foi, inséparable dans la conception chrétienne, de la croyance en l'existence d'un Dieu tout puissant. Elle n'est pourtant qu'une première étape dans le parcours de celui qui veut aboutir à sa maturité spirituelle dans la mesure où elle demeure un moyen, non une fin. Si elle est vécue sans intimité avec soi-même elle peut figer l'homme dans une attitude dépourvue de réflexion. Jung le savait bien puisqu'il eut sous les yeux l'exemple de son père qui se refusait à trouver une explication à sa foi.

Bien différente est l'optique bouddhiste. A celle-ci ne saurait s'appliquer la notion de Révélation car sa perception de la divinité diffère absolument de celle du christianisme et l'on ne saurait trouver un sens à l'idée de transcendance. Les bouddhistes considèrent en effet qu'une religion vouée à l'existence d'un Dieu unique ne peut être que source de dispersion et d'égarement pour l'esprit humain dans la mesure où elle tend à se considérer comme seule détentrice de la vérité et à placer dans l'erreur toutes les autres croyances. Telle fut l'origine de maintes guerres civiles, religieuses et coloniales. Peu soucieux de définir une connaissance basée sur les rapports entre Dieu et l'homme, l'Oriental a préféré s'intéresser directement à l'âme individuelle. Dans la conception bouddhiste, l'homme ne doit tirer sa sagesse que de ses efforts personnels et de sa seule volonté, unique moyen pour lui d'approcher la vérité. Un mythe bouddhiste rend bien compte de ce devoir qui lui est enjoint d'accomplir. Un riche cheminant en compagnie d'un pauvre voulut manifester sa bonté en plaçant discrètement un diamant dans la poche de son compagnon. Se séparant de lui et le retrouvant dix ans plus tard, il vit avec étonnement qu'il était toujours pauvre et lui demanda s'il avait trouvé la pierre précieuse. L'homme regarda dans sa poche et découvrit le diamant. Le sens est évident, on ne peut trouver la sagesse que par soi-même, et nul ne peut nous la donner. « L'homme lui-même est la seule cause de son développement ».

On réalise alors ce qu'est l'essence de la religion bouddhique, soit l'importance capitale qu'elle accorde à l'intériorisation de la vie divine en l'homme. Certes, ce trait était aussi présent dans le christianisme où le sacrifice de Jésus et sa résurrection sanctionnaient la venue du Saint Esprit dans le coeur de la créature. Mais la notion d'un Dieu éternel par Qui les hommes pouvaient inconsidérément justifier leurs actes diminuait leur souci de Le trouver au fond d'eux-mêmes. Partant, si tant est que le bouddhiste puisse avoir une foi, celle-ci n'est pas la croyance aveugle en un dogme révélé mais plutôt la conviction qu'il est possible à l'homme de trouver une vérité qui ne peut être qu'issue d'une profonde méditation. Ce qui caractérise la foi du bouddhiste est le rapport profond qu'elle entretient avec la raison humaine, sans que celle-ci ne cède à la superstition ou au fanatisme. Si, seule, la raison peut devenir un jeu intellectuel sans autre fin que lui-même, associée à la foi elle donne l'opportunité à l'homme de se trouver et d'atteindre à la plénitude.

Ainsi est élaborée une attitude tendant à définir une sagesse à l'échelle humaine. Une différence essentielle entre le Bouddhisme et le christianisme est bien le caractère philosophique pris par le premier. En général, religion et philosophie sont soigneusement distinguées en Occident où l'on s'efforce d'en établir clairement le champ d'action : si la religion vise à relier à un monde surnaturel dépassant la raison, la philosophie est le fruit de l'expérience de la vie. Comme tel, elle tend à développer une sagesse issue d'une compréhension profonde et rationnelle de l'esprit de l'homme. Idéal humain et non divin, elle ne s'exerce que dans les strictes limites de l'existence sans pour autant exclure le phénomène religieux. Les solutions qu'elle propose se caractérisent par le souci de la mesure, une volonté d'éviter les excès conformément au bon sens. En Orient, ces préoccupations humaines ne sauraient être séparées d'une profonde religiosité et rejoignent celle-ci dans une volonté délibérée d'intérioriser en l'être humain la connaissance du divin. Si au sein du culte chrétien, dans le dialogue engagé entre l'homme et la divinité, celle-ci se voit accordée une place prépondérante dans l'âme humaine, dans le bouddhisme est octroyée une importance supérieure à la part humaine puisque c'est à sa seule volonté qu'il appartient à l'homme de trouver Dieu. Toutes les mystiques du monde se rejoignent dans le but qu'elles recherchent mais la diversité des moyens dont elles usent déterminent leur spécificité.

Rien ne saurait être plus propre à exprimer la distance entre les deux religions que l'originalité de leur personnalité fondatrice. « Tous deux ont dominé en eux le monde : le Bouddha, pourrait-on dire, par une compréhension rationnelle, le Christ en devenant victime selon le destin ; dans le Christianisme cela est plutôt subi : dans le bouddhisme cela est plutôt contemplé et fait. L'un et l'autre sont justes ; mais dans le sens indien, l'homme plus complet, c'est le Bouddha. Il est une personnalité historique et par conséquent plus compréhensible pour l'homme.(...) Le Bouddha a agi mû par la connaissance. Il a vécu sa vie et mourut à un âge avancé »[6].

Le message religieux de Jésus trouve sa source dans sa relation avec les hommes. La place qu'il accorde au sentiment dans son expérience personnelle donne tout son relief à un enseignement où règnent joie, tristesse et souffrance. Voulant connaître le monde, Jésus s'en va prêcher la bonne Parole à ses semblables et ouvre son cœur à la joie. Partout présente dans sa vie, elle s'exprime à sa naissance avec l'adoration des bergers, plus tard dans ses rapports avec les hommes où il donnera libre cours à ses sentiments, aux noces de cana où s'accomplit le miracle du partage du pain, au moment de son entrée à Jérusalem où il apparaît en triomphateur. Jusque sur la croix le bon larron lui fera connaître cette joie. Dans son message, il insiste sur celle que procure l'annonce du pardon divin, celle que l'on éprouve à trouver le royaume de Dieu et à tout quitter pour y pénétrer. Inversement, la tristesse et l'angoisse s'expriment avec la même force dans son existence. Jésus l'éprouve sur le mont des oliviers avant d'être arrêter et consent avec résignation à accepter le calice. Son attitude envers la souffrance découle du même engagement dans le monde puisque il ne la repousse pas et s'offre en sacrifice. La souffrance sera considérée de manière positive par le Christianisme. Si elle ne doit pas être recherchée pour elle-même, elle demande à être vécue avec dignité et patience, supportée avec courage pour que l'homme en retire pitié et compassion. Assumant son destin de la façon la plus authentique, la leçon transmise par Jésus est de mener une vie simple en élevant aussi bien que possible toutes nos passions. Jésus se refuse en effet à ce que l'homme détruisent ces dernières car chaque sentiment doit garder son sens. Il faut seulement le transcender dans le sens du Beau, du Bien et de la Vérité, soit dans le respect de la volonté divine, pour que vive en nous le Saint Esprit.

La voie empruntée par les bouddhistes est différente, car ils pensent que toute passion, même transcendée, ne fait que témoigner de notre esclavage envers le monde visible. Ils pensent que notre vie est un constant attachement envers les objets de notre affection et que le désir nous incite à conquérir toutes sortes de biens aussi vains les uns que les autres. Sensations, pensées et volontés ne font qu'accroître notre dépendance envers l'univers des apparences en nous faisant accorder une importance bien trop grande à des choses sans valeur véritable. La richesse, la puissance, mais aussi les idées, les opinions et les croyances de toute sorte nous égarent dans des sentiments démesurés embrassant tout notre être. Pour se soustraire à l'emprise de ces forces, le bouddhisme soutient que le monde perçu par nos sens n'est qu'illusion. Contrairement à l'Occident qui croit à sa réalité, l'Orient pense qu'il est irréel et qu'il faut passer outre à la vision qui nous en est présenté. Toutes les réalités n'étant que relatives, c'est ailleurs que doit être recherchée la vraie connaissance.

Conformément à cette conception et à l'opposé du christianisme, le bouddhiste, qui estime la vie sans fondement et pleine de douleur, se trouve amené à annihiler son vouloir-vivre et à renoncer à toute activité visant à améliorer ses conditions d'existence. Tout intérêt de l'homme pour le monde extérieur est anéanti car à ce dernier est enlevé toute consistance de façon à ce qu'il soit nié en tant que tel. Celui qui a acquis l'état de complète béatitude a atteint le Nirvana, libéré alors des préoccupations et angoisses formant le lot des autres hommes, et placé dès lors au delà du désir et de l'orgueil.

Si le Christ s'est accompli en s'offrant en victime au monde, le Bouddha l'a fait par une méditation rationnelle dans le plus complet détachement des choses existantes. Contrairement à Jésus qui a réalisé son œuvre en s'ouvrant à la vie, SiddhârtaGautama a choisi de se détourner de celle-ci et la jeunesse dorée qu'il connut décida du tour pris par sa philosophie. Le Bouddha avait en effet été élevé dans l'ignorance de la misère et du malheur du monde, ses parents ayant voulu bannir de sa vie le spectacle de la souffrance humaine. Mais au cours de sorties successives, le jeune prince comprit que le bonheur sans nuages dans lequel il vivait n'était qu'illusoire. Le spectacle d'un vieillard, d'un malade, d'un cadavre et d'un mendiant lui firent prendre conscience de la douleur et furent autant d'expériences lui donnant la conviction que l'attachement aux plaisirs et à la puissance n'engendrait que la souffrance. La vision qu'il eut de la condition humaine lui enleva toute joie de vivre et détermina le caractère négatif de sa position envers les hommes sous l'emprise des passions et des désirs. En cela son enseignement diffère de celui du Christ. Si ce dernier veut transcender la souffrance par l'acceptation de la condition humaine, le Bouddha veut l'abolir par le renoncement et l'extinction du désir, source de la douleur humaine. Il tenta de s'élever au dessus des passions par le renoncement. Déjà son premier acte témoigne de l'orientation que prendra son œuvre spirituelle puisque il quitte son foyer, laisse sa femme, son fils et son cheval. Le Bouddha ne veut s'attacher à rien et se refuse à connaître les bienfaits de l'existence, s'écarte de toutes les joies de la vie quotidienne. Il s'est élevé au dessus de toute vie sentimentale, s'interdit la vie du coeur et s'éloigne de la souffrance, meurt à l'âge de quatre-vingts ans au terme d'une méditation de toute une vie. C'est par sa propre action que l'homme doit découvrir la vérité en lui et dans ce combat il ne peut être aidé par aucun Dieu extérieur. Le Bouddha s'est refusé à attendre quoi que ce soit de la grâce divine.

Cette importance accordée à la méditation rend plus propice une meilleure relation entre la conscience et l'inconscient que Jung tente de favoriser chez l'individu. Le Soi, assimilé à Dieu et affirmé avec force par les chrétiens, demeure un but lointain pour les bouddhistes, auquel on ne peut parvenir qu'au prix de longs efforts personnels. Plus que le terme du voyage, c'est le chemin pour y arriver qui importe pour la religion de l'illuminé, un cheminement progressif que l'on doit suivre en nous intériorisant toujours davantage. Là ont toutes leur chance d'être assimilées les forces de l'inconscient collectif et le risque d'être possédé par ces puissances est amoindri puisque par l'effort personnel que l'on s'impose à soi-même toute notre liberté nous est conservée. « L'Occident cherche toujours l'élévation, l'Orient, l'immersion ou l'approfondissement. La réalité extérieure avec son esprit de corporéité et de pesanteur semble avoir un impact beaucoup plus fort et pénétrant sur l'Européen que sur l'Indien. C'est pourquoi le premier s'efforce de s'élever au dessus du monde ; le dernier, lui, retourne volontiers aux profondeurs maternelles de la nature »[7].

Puisqu'il ne faut rien attendre d'un Dieu transcendant, la notion de vérité ne saurait avoir la même valeur que celle que les chrétiens lui accordent. Pour ceux-ci, la vérité est une parole de Dieu que le croyant ne peut discuter. Les bouddhistes estiment au contraire que la vérité diffère et varie selon les temps et les lieux, peut prendre plusieurs visages conformément aux situations et aux contextes où évolue l'homme. Dans la mesure où rien n'est définitif en ce monde, il ne peut exister ni dogme, ni vérité toute faite mais seulement une méthode de conduite visant à nous amener à la paix intérieure. Chacun de nous doit trouver sa raison ultime uniquement en méditant sur lui-même.

Il n'en demeure pas moins, malgré tout, que si le bouddhisme peut apporter à l'Occident cette profondeur de pensée qui peut empêcher celui-ci de se fourvoyer dans son action, il reste lui-même sujet à des écarts tout aussi excessifs. Si le souci de conformer sa vie à une vérité définie peut nuire au progrès personnel, celui de n'ouvrir son esprit à aucun dogme précis fait connaître le danger inverse de refuser une valeur au monde environnant. L'intériorité qui caractérise la culture orientale, au premier plan le bouddhisme, génère le risque de trop se désintéresser de la vie, source d'un certain immobilisme dans les domaines économiques et sociaux. C'est précisément ce qu'il advint en Orient. Puisque la spiritualité orientale n'accordait aucune réalité à l'univers immédiat et que celui-ci n'était qu'illusion, il était fatal que l'intérêt de l'homme fut peu attiré par le désir de le développer et de l'améliorer. C'est l'Europe qui fut le berceau des conquêtes scientifiques de l'humanité, qui vit l'être humain désirer découvrir les secrets de la nature afin d'augmenter son champ d'action. En affirmant l'homme au monde, le christianisme a permis qu'émerge cet état d'esprit caractérisé par cette foi dans le progrès.

Ainsi, chacune des deux civilisations s'est tournée vers deux aspects différents de la nature humaine. Son amour de la vérité a tourné l'Occident dans le sens du progrès des sciences et du confort matériel. L'idée d'un Dieu unique et ordonnateur de l'univers, grand horloger régissant les choses, permit l'élaboration d'un système général sur le monde et rendit possible son évolution en autorisant les hommes à en trouver les lois pour améliorer leur vie terrestre. Ce faisant, par un esprit prométhéen, ils élevaient en même temps une tour de Babel qui les mettait à la place du Tout Puissant. Telle est la perversion connue par le monde moderne.

C'est dans le rapport existant entre action et contemplation que les deux religions expriment leur spécificité et leur différence, car la proportion placée dans l'une et l'autre attitude varie dans l'une et l'autre religion. Le Bouddha a voulu que l'homme renonce à l'action et se confine dans la contemplation. La conséquence en fut à terme l'absence de progrès matériel. Le niveau de vie des populations était peu élevé en regard de celui atteint dans les pays occidentaux, une situation à laquelle conduisait un message spirituel bien caractéristique des mentalités orientales. A l'inverse, le Christ, en se refusant à couper l'homme de l'action, lui fit courir le risque de détruire la planète en usant de la bombe atomique. De ce danger la sagesse intériorisée développée par l'Orient avait voulu sauver l'homme.

L'harmonie universelle

La vie contemplative sur laquelle met l'accent la sagesse orientale vise à nous faire prendre conscience de la relativité de toutes les idées émises par l'intelligence humaine, dans la mesure où elles n'ont de sens que les unes par rapport aux autres et n'ont rien de définitives en elles-mêmes. Ceci, l'Orient a tenté de l'exprimer par sa croyance en l'harmonie universelle, celle issue d'un accord entre principes divergents. C'est ce que Jung appelle la conjonction des opposés.

Pour notre psychologue, le tour combatif pris par le culte chrétien, issu de cette tendance à opposer le bien et le mal, risquait de mener l'homme à commettre des actes inconsidérés. « Le caractère intolérable des opposés dans la psychologie chrétienne provient de leur exacerbation morale »[8]. Conformément à l'optique chrétienne, l'homme aspire au bien et succombe au mal, ainsi que le lui enseigne l'histoire de la Création suivie de la chute. La recherche effrénée du bien et le rejet catégorique de tout mal qui en résultent, lui fait connaître le danger d'être aveuglé par ses passions. Pourtant, toute chose n'acquiert force et caractère que par son contraire. Il n'est d'authentique progrès pour l'homme qu'en les confrontant l'une à l'autre puisque tout bien n'existe que par rapport à un mal correspondant et qu'il faut à chacun tout son jugement pour en avoir la plus juste notion. « Pour exister toute chose a besoin de son contraire, sinon elle s'affaiblit jusqu'à l'inexistence »[9]. Cette idée, Héraclite l'avait déjà émise voici plus de deux mille ans. L'originalité de sa pensée résidait dans la vision qu'il avait du conflit entre les contraires, celui régissant un univers pour lui théâtre de forces agissantes et antagonistes : le jour et la nuit, la vie et la mort, la beauté et la laideur, l'amour et la haine, l'ordre et le désordre... Plus que leur combat, leur complémentarité permettait au monde de s'édifier puisque, conformément à la volonté divine, ils étaient liés entre eux.

Jung estimait cette philosophie en accord avec la réalité humaine dans la mesure où il n'existe rien de complètement fixé ici-bas et où tout ce qui régit notre existence demeure relatif. Il n'est que de comparer les civilisations et les règles morales auxquelles chacune obéit pour s'apercevoir de leur différence, voire de leur opposition. « Vérité en deçà des Pyrénées, erreur au delà » disait Pascal. Savoir que les mentalités et les conceptions varient selon les époques et les lieux incite l'homme à s'interroger sur lui-même et l'oblige à un effort de réflexion approfondi sur le sens de ses actes. Jung pense qu'une telle conduite justifie le développement de la psychologie car, pour éviter de se laisser hypnotiser par la séduction de l'idée, obligation est faite à l'individu de se pencher sur sa personne et de comprendre les motivations qui la dirigent. Toute décision prise consciemment a son répondant dans l'inconscient et il ne sert à rien de fixer son esprit sur une chose déterminée si les messages envoyés par celui-ci lui sont défavorables. C'est précisément le sens revêtu par la conjonction des opposés, à savoir que l'homme ne peut être totalement lui-même que s'il consent à se remettre en question, la première manifestation des forces contraires s'exprimant bien dans le couple conscient-inconscient. En observant son âme et en comprenant la relativité des principes qui exercent sur lui leur attrait, il pourra assumer avec dignité les inévitables conflits de devoirs qu'il aura à connaître dans sa vie. « La contemplation des opposés enseigne à l'homme oriental le caractère de la *maya*. Elle confère à la réalité le caractère de l'illusion. Derrière les opposés, et dans les opposés, se trouve la vraie réalité qui voit et embrasse le *tout* »[10]. C'est cet idéal que tentaient d'atteindre les alchimistes et la quête de la pierre philosophale trouvait chez eux tout son sens dans leur effort pour dépasser ces forces divergentes.

Cette sagesse s'exprime dans le refus de tout choix extrême et dans la volonté de définir un moyen terme entre deux valeurs opposées. Tel est le message délivré par la spiritualité orientale, celui qui porte sur la relativité du bien et du mal permettant à l'homme d'assumer au mieux sa liberté. Pour l'Orient, les deux principes ne sont que les deux pôles d'une même réalité au dessus de laquelle il nous est enjoint de nous placer et, toujours mélangés, sont si liés qu'ils ne peuvent être séparés. Du moment qu'une action peut être considérée bonne ou mauvaise selon les points de vue, il faut que chacun s'élève au delà de ces considérations et trouve sa voie par lui-même. Le combat que les deux puissances se livrent ici-bas aspire à être dépassé. Au fur et à mesure que l'homme progresse dans sa conscience, il apprend à transcender cette division et à évoluer dans sa personnalité.

Rien n'exprime mieux la conjonction des opposés que la philosophie typiquement orientale du *yin* et du *yang*, base fondamentale de la culture chinoise. Les deux puissances que nous nommons bien et mal sont loin d'épuiser toute leur signification car les principes s'y rattachant s'appliquent au Cosmos et à sa dynamique sans que l'on puisse les faire correspondre à de quelconques critères moraux. L'observation de la nature et de tous ses mouvements avait convaincu le peuple chinois que le monde était organisé selon une dualité, une puissante harmonie au sein de laquelle se mariaient les contraires, où l'actif se conjuguait avec le passif, où le froid s'accordait avec le chaud. A partir de là, ils en conclurent que cette dualité se retrouvait dans la nature humaine. Présents dans le coeur de chaque être humain en des proportions où dominait l'un ou l'autre élément selon les sexes, le *yin* était le principe représentant le côté féminin passif, mou, froid et le *yang*, celui s'appliquant au côté masculin, actif, dur, chaud, leur interaction conditionnant la vie de l'univers. L'un et l'autre restaient cependant les deux aspects d'une seule et même réalité, non irrémédiablement opposés, mais formant un couple harmonieux uni dans une intime communion et assurant le meilleur équilibre. Chaque individu se devait de trouver sa voie entre les deux tendances, la vie et la mort, le bien et le mal, notions complémentaires bien plus que contraires au delà desquelles la réalité profonde restait toujours la même.

La sagesse que nous enseigne la spiritualité du *yin* et du *yang* vise à nous faire considérer le monde tel qu'il est dans la réalité, paradoxal. Si en Occident on a le désir de séparer le bien et le mal, la pensée chinoise estime que l'on ne peut avoir la totalité d'une chose sans avoir l'aspect opposé. Comme le disait Hegel, chaque chose contient en elle-même sa négation, et celui qui met toute son énergie à vouloir rechercher succès et bonheur ne connaîtra que la souffrance en cas d'échec. En voulant absolument atteindre un but, quel que puisse en être le prix à payer, on court fatalement à la déception car tôt ou tard se produira un renversement ainsi que le veut la réalité des choses. Si nous prenons conscience que la vie est faite de situations paradoxales nous connaîtrons la plénitude, celle issue du sentiment que joie et bonheur, tristesse et souffrance sont le lot commun de chacun, tout essor pouvant être suivi d'un déclin et toute réussite, d'un revers. Si l'on est amené à donner à notre monde un caractère aussi ambigu, c'est parce qu'il a son pendant dans notre nature, laquelle est si riche que l'on peut toujours y trouver de quoi répondre à nos interrogations. Précisément la sagesse du *yin* et du *yang* nous enseigne à ne pas nous figer dans nos expériences et, dans nos idéaux, à toujours laisser une porte ouverte vers un ailleurs encore possible. « Personne ne peut connaître le bonheur à partir d'idées préconçues, on doit toujours le considérer comme un présent des dieux. Il va et vient, et ce qui vous a un jour rendu heureux, peut ne pas nécessairement le faire en une autre occasion »[11]. « Noël au balcon, Pâques au tison » ; « Tel qui rit vendredi, dimanche pleurera » dit la sagesse populaire.

Une fois que l'on est parvenu à dépasser le *yin* et le *yang*, on obtient alors une vision de la vérité, le Tao pour les Chinois, l'une des multiples images du Soi auquel s'est toujours nourrie la spiritualité humaine. Principe supérieur englobant tous les antagonismes, entité primordiale et éternelle, le Tao représente l'ordre et l'harmonie qui se manifeste dans les grands rythmes de l'univers. Image de l'« absolu », il n'en revêt pas moins une signification différente de celle que lui donne l'Occident sous le vocable de Dieu, car ici il transcende toutes les oppositions, le bien et le mal, le beau et le laid, le pur et l'impur. Il ne peut être atteint qu'en menant une vie simple et naturelle, celle du sage taoïste qui a appris à ne considérer qu'avec mépris les ambitions humaines.

Le terme *absolu*, auquel nous avons fait maintes fois référence depuis le début de cet ouvrage, donne la meilleure idée de cette synthèse représentée par la conjonction des principes, et son étymologie nous renseigne de façon très pertinente sur ce qu'il exprime réellement. Issu du préfixe *ab*, attaché à l'idée d'indépendance, et de *solvere*, qui signifie solution, il est effectivement une résolution, celle d'idées contraires s'accordant dans une même unité.

C'est à cet idéal que tentèrent de répondre les moines bouddhistes, lesquels, dans leur cheminement vers la libération personnelle, n'eurent pas d'autres préoccupations que la recherche de la voie moyenne. Celle-ci fut trouvée par le Bouddha lorsqu'il eut réalisé la situation à laquelle pouvaient conduire tous les choix extrêmes. Après s'être détourné des facilités offertes par la vie insouciante que lui avaient ménagée ses parents, il voulut vivre en ascète et, durant sept années, se livra aux jeûnes avant de comprendre que s'infliger à soi-même ces épreuves ne pouvait avoirs de résultats positifs. La vie de privations ne vaut pas mieux que la vie de plaisirs et il faut éviter les excès. « Si la corde est trop tendu elle rend un son trop aiguë, si elle n'est pas tendue elle ne rend pas de son » disait-il et il ajoutait « Fais que ton esprit soit un luth bien accordé ». Ce souci de parvenir à un équilibre idéal trouve son prolongement dans l'enseignement proposé par le zen, école bouddhiste qu'il nous a déjà été donné d'évoquer et qui se singularise par son austérité, la volonté de mettre l'accent non sur l'intelligence mais sur l'intuition humaine. La méthode proposée à cette fin consiste à faire travailler l'esprit de chacun, l'amener à conquérir sa maturité en le confrontant à des problèmes en apparence insolubles. Pour ce faire, les maîtres zen posaient à leurs disciples des questions, les *koan*, absurdes au premier abord, mais destinées à mettre toutes leurs facultés sous tension afin de mieux trouver la réponse. Ils devaient l'obtenir uniquement par leurs efforts personnels. Par l'énigme qui leur était proposée, ils avaient à prendre conscience de toutes les faces d'un même problème, de tous les points de vue opposés, toutes contradictions dépassées, et de parvenir à la meilleure solution, base de l'illumination bouddhiste.

Il ne faudrait pas croire pour autant que cet idéal ait totalement été absent de la culture occidentale. L'enseignement bouddhiste ne détient pas le monopole de ces considérations car, Jung le souligne avec conviction, cette conjonction des opposés que l'Orient tente d'accomplir dans le coeur de l'homme est contenue dans le message évangélique. La théologie du Bien suprême ne fut conçue par les Pères de l'Église que postérieurement au Nouveau Testament et il est possible de trouver dans celui-ci des exemples présentant une parenté certaines avec les idées orientales. La vie entière du Christ se place au delà de ces deux principes, conformément à la conception qu'il avait de la vérité. Par définition, Jésus résume en sa personne toutes les contradiction et oppositions, et les conflits agitant l'âme humaine trouvent en lui leur aboutissement et leur résolution. Fin de toute chose, son exemple transcende à lui seul les luttes et influences qui se disputent l'adhésion humaine. La croix sur laquelle il fut crucifié représente bien une communion des opposés, le haut et le bas, l'Est et l'Ouest, et les deux larrons condamnés avec lui personnifient les forces contraires dont la synthèse s'exprime au sein du Sauveur, vivante image du Soi.

Aussi, la sagesse orientale ne saurait-elle avoir valeur de nouveauté car il nous est loisible de trouver au sein de notre propre culture le moyen de parvenir à une spiritualité aussi élevée. Les religions nous adressent toutes le même message, donnent à chacun d'entre nous une image du Soi, centre de notre personnalité, et, si divergent moyens et chemins, la fin reste toujours la même car chaque mystique poursuit le même but. Ainsi la synthèse entre les contraires n'est elle que l'accomplissement du Saint Esprit dans le cœur de l'homme. Sa volonté dans le plus profond de nous-mêmes ne peut se manifester que dans la conjonction des opposés, antagonistes mais dépendants, dans le concert desquels s'épanouit la vérité.

Ainsi voit-on que, par delà les différences entre les traditions, ces dernières finissent toujours par se rejoindre quant à la nature de l'être humain et au devenir de sa personne. Toute culture n'acquiert sa valeur que dans une juste confrontation avec les autres cultures et c'est seulement dans cette mise à l'épreuve qu'elle prend le sentiment de sa force et de ses faiblesses. L'intérêt de la sagesse orientale est précisément de nous faire réaliser que la pente sur laquelle s'est engagée la pensée chrétienne tendait à l'éloigner de l'expérience et de l'enseignement du Christ. L'homme occidental, de par son intérêt pour l'univers, a été malencontreusement amené à ne considérer qu'avec répulsion les profondeurs de son âme, attitude que la spiritualité chrétienne aurait pu lui faire reconsidérer si elle n'avait été dévalorisée par les bûchers de l'inquisition. Aussi, les méthodes d'attention accordée à sa personne apprises de l'Orient peuvent apporter un remède aux dangers que la civilisation moderne lui fait courir et ainsi mettre fin à « la maladie de l'homme occidentale ». Tourner notre attention sur une autre conception de la vie humaine peut provoquer en nous un effort de réflexion destiné à remettre en question les valeurs de notre civilisation. Jung insiste sur ce point, il faut bien considérer que c'est dans notre propre héritage, nos propres traditions que demeure la solution de nos problèmes et les moyens de transformer nos mentalités. « La sagesse et la mystique de l'Orient sont riches en enseignements précisément pour nous, quoiqu'elles parlent leur propre langue inimitable. Elles sont là pour nous rappeler ce que nous possédons d'analogue dans notre culture et que nous avons déjà oublié, et pour attirer notre attention sur ce que nous écartons en le considérant comme secondaire, à savoir le destin de notre âme »[12]. Tel est l'enseignement de l'Orient, une incitation à connaître une vie intérieure plus profonde et à être à l'écoute de notre inconscient. L'intériorisation de soi, marque évidente de la culture orientale, pourra amener l'homme occidental à un meilleur rapport avec lui-même de telle sorte qu'il assume une spiritualité que dans son désir de s'affirmer au monde il avait négligée.

CONCLUSION

La vie spirituelle, si familière au monde oriental, est l'attitude la plus propre à conduire l'être humain à une vie authentique et consciente, un remède efficace susceptible de compenser l'excès de rationalité du monde contemporain. Face à ce dernier, Jung nous propose une ligne de vie et une philosophie visant à nous faire reconquérir cette stabilité personnelle que l'irruption de la modernité avait brutalement compromise.

Depuis toujours, l'homme avait tenté d'élaborer une culture qui puisse le définir dans sa dignité. La Grèce s'est singularisée en donnant une image de la créature libérée de l'emprise du divin, dans toute son intelligence et sa raison. L'art grec est là pour en témoigner et même les dieux sont représentés sur un modèle essentiellement humain. Sur la base de cette importance dévolue à l'homme, la civilisation occidentale a dégénéré vers les excès de l'intelligence rationnelle et l'individu en a oublié le sens réel de son existence. Dans ce contexte l'œuvre du psychologue zurichois acquiert toute sa valeur.

Les bouleversements et les destructions sans nombres dont s'est rendu responsable le monde moderne ont été source chez l'élite intellectuelle du XXe siècle d'un doute certain éprouvé pour l'être humain et sa capacité à maîtriser son destin. De fait, au sein du monde des littérateurs et des philosophes est apparue la croyance en la toute puissance de la fatalité, celle qui étend son emprise sur les volontés humaines et les empêche d'aller au bout de leurs ambitions. Des écrivains comme Giraudoux, Anouilh, Cocteau se sont fait l'écho de ce sentiment très présent dans les consciences contemporaines. Dans une telle ambiance, Freud n'a pas été en reste dans la mesure où son œuvre a puissamment contribué à favoriser cette tendance. L'accent qu'il met sur le rôle tenu par l'inconscient dans les décisions humaines, le rôle moteur qu'il détient dans les motivations conditionnant les actes de l'individu était bien conforme à l'atmosphère du temps. Allant à l'encontre de l'image de l'homme rationnel maître de lui-même, le père de la psychanalyse a promu l'idée de l'homme en proie au doute car dominé par des désirs inconscients, pour lui essentiellement sexuels, exerçant leur influence sur son jugement. Ainsi était aboli le crédit accordé à la liberté humaine.

Face à ce courant, Jung tente de redonner confiance à l'homme en lui faisant voir qu'il détient en lui des forces merveilleuses qui peuvent lui apporter leur soutien quand il connaît des difficultés. Il ne nous fait aucune révélation, ne nous enseigne aucune vérité nouvelle, car ce qu'il nous apporte réside dans la personne humaine de toute éternité et notre savant ne veut que nous en faire prendre conscience. C'est précisément cet approfondissement de soi, par une nouvelle valeur conférée à l'inconscient, qui donne toute sa force à la sagesse qu'il veut promouvoir. La dignité humaine qu'il tente de définir correspond à une image de l'être humain perçu comme une créature ayant sa liberté et son autonomie propre, mais restée dépendante de forces puissantes dont elle ne peut se couper sous peine de renoncer à ce qui fait la richesse de sa vie terrestre. L'homme se trouve placé sur un volcan menacé d'éruption à tout moment et dont il doit tenir compte des manifestations. Il doit réaliser qu'il reste un être faible et vulnérable, relié à des puissances avec lesquelles il lui faut composer. Sa vie spirituelle peut lui en donner les moyens et de bons rapports avec « les dieux » sont les garants de sa stabilité psychologique et d'une relation harmonieuse avec son âme.

Il semble qu'à l'image de la dignité défendue par les Grecs, il soit possible de substituer un autre modèle, celui transmis par des civilisations plus anciennes, et qui se refusaient à penser la grandeur de l'être humain coupée des réalités divines. La stèle mésopotamienne de Narâm-Sin, datant du IIIe millénaire avant Jésus Christ et exposée au musée du Louvre, nous présente un roi placé au sommet d'une pyramide d'hommes, celle de ses sujets sur lesquels il exerce son charisme. Ce dernier se voit renforcé par la présence de la divinité au dessus de lui, représentée, non par des traits humains à la manière grecque, mais par des symboles astrales, la Lune, le soleil, seuls capables d'exprimer convenablement le sens de l'absolu essentiel à la vie de l'âme.

La dignité que Jung invoque pour l'homme est ainsi plus authentique et plus riche que celle sous-tendue par le message freudien. Pour éviter le refoulement d'instincts présumés sordides, ce dernier allait dans le sens de leur libération, avec pour conséquence un déchaînement incontrôlé des pulsions et un laisser-aller certain au niveau des moeurs. Pourtant, la vraie liberté est celle qui repose sur des bases solides et suppose une connaissance profonde des motivations humaines. Vulnérable, l'homme a le tort d'oublier le contexte naturel dans lequel il évolue et sans lequel il est perdu.

La liberté que Jung nous propose ne peut exister que dans un solide ancrage dans le monde ambiant et les réalités mythiques peuplant l'imaginaire. Il n'est de liberté sans loi, ainsi la loi morale qui impose ses devoirs et force à l'humilité. Elle ne peut être qu'issue du sens éthique présent en l'âme, richesse de l'héritage ancestral que nous renvoie l'inconscient. L'homme ne fait qu'obéir à sa nature en s'y soumettant. Est libre réellement l'homme conscient qui dispose d'un haut degré de maturité lui permettant de décider de ses choix en toute responsabilité. Ces derniers doivent dépendre, non des influences extérieures, mais de l'intérieur de nous-mêmes.

L'individu peut alors disposer de forces considérables qui lui rendent possible un progrès personnel lui permettant d'avoir une influence bénéfique sur les membres de son entourage. Confucius le disait, chaque homme doit d'abord travailler à son propre perfectionnement s'il veut exercer un rayonnement sur ses semblables, car alors seulement progressera la société. Celle-ci ne peut s'améliorer ni par des réformes politiques, sociales économiques ou institutionnelles, uniquement par l'individu, par un effort personnel de celui-ci pour enrichir sa conscience, car en lui seul réside l'esprit de renouveau apte à amener le changement. Les grandes personnalités, le Bouddha, Confucius, Socrate, le Christ, se sont adressés aux individus, non aux masses, ainsi s'est propagé leur enseignement. Les disciples de Socrate estimaient même que l'exemple de leur maître les avait plus influencés que ses paroles. Il est souvent arrivé que religions et philosophies aient finalement connu le triomphe à l'issue d'une lente maturation, ainsi le stoïcisme au sein de l'empire romain, source d'un adoucissement des moeurs et d'une transformation des mentalités. L'évolution se produit non d'une manière brutale mais dans le long terme, sous l'effet de forces puissantes agissant en profondeur. Les vraies personnalités sont celles qui, conscientes de la nécessité des transformations de leur temps, connaissent les inévitables contraintes y faisant obstacle. Le christianisme a peu à peu permis une progression des esprits, non du fait de l'action politique et sociale de l'Église, mais de par l'influence inconsciente du message religieux sur les individus, base d'une renaissance des âmes et de l'évolution des mentalités. Par l'individu également le bouddhisme a suscité les adhésions pour devenir ce qu'il est aujourd'hui. La culture est le résultat d'un effort personnel et il appartient à tout un chacun de l'acquérir pour autant que ce désir provienne d'un choix librement consenti.

L'homme a aujourd'hui acquis un pouvoir démesuré et se trouve à présent à la croisée des chemins. Il lui appartient dès lors de détruire le monde ou de travailler à son amélioration. Par l'individu le monde sera sauvé, non par les foules. Ainsi disait Saint Augustin : « Une âme qui s'élève élève le monde ».

Bibliographie

I. Œuvres de Carl Gustav JUNG.

L'homme à la découverte de son âme. Paris : Albin Michel, 1987.

Aspects du drame contemporain. Paris : Buchet/Chastel, 1948, 2e édition, 1970

Types psychologiques. Genève, Georg éditeur S.A., 1991.

Psychologie de l'inconscient. Genève : Librairie de l'Université, Georg et Cie, S.A., 1986.

La guérison psychologique. *Paris : Buchet/Chastel, 1953. 2e édition, 1970. 3e édition, 1976*

Métamorphose de l'âme et ses symboles. Paris : Buchet/Chastel, 1953. 2e édition, 1967.

Introduction à l'essence de la mythologie. Paris : Payot, 1953.

Le fripon divin. Paris : Buchet/Chastel, 1958.

Psychologie et religion. Paris : Buchet/Chastel, 1958.

Un mythe moderne. Paris : Gallimard, 1960. 2e édition, 1963.

Problèmes de l'âme moderne. Paris : Buchet/Chastel, 1991.

Présent et avenir. Paris : Buchet/Chastel, 1962.

Psychologie et éducation. Paris : Buchet/Chastel, 1963.

Réponse à Job. Paris : Buchet/Chastel, Paris, 1964.

La dialectique du moi et de l'inconscient. Paris : Gallimard, 1964. 2e édition, 1967.

L'âme et la vie. Paris : Buchet/Chastel, 1965. 2e édition, 1969.

Ma vie. Paris : Gallimard, 1966. 2e édition, 1967.

Psychologie et alchimie. Paris : Buchet/Chastel, 1970. 2e édition, 1975

Les racines de la conscience. Paris : Buchet/Chastel

Commentaire sur le mystère de la fleur d'or. Paris : Albin Michel, 1979.

La psychologie du transfert. Paris : Albin Michel, 1980

Mysteriumconjunctionis. 2 volumes. Paris : Albin Michel, 1980, 1981.
Aïon, études sur la phénoménologie du soi. Paris, Albin Michel, 1983.
Psychologie et orientalisme. Paris : Albin Michel, 1985.
Synchronicité et paracelsica. Paris : Albin Michel, 1988.
La vie symbolique, Psychologie et vie religieuse. Paris : Albin Michel, 1989.
L'âme et le soi, Renaissance et individuation. Paris : Albin Michel, 1990.
Essais sur la symboüque de l'Esprit. Paris : Albin Michel, 1991.
Correspondance (1906-1961). Paris : Albin Michel, 1992.

II. Ouvrages sur Jung :

Barbara Hannah, *Jung*. Paris : Dervy-Livres, 1989.
Frieda Fordham, *Introduction à la psychologie de Jung*. Paris : Imago, 1985.
Miguel Rojo Sierra, *Introduction à la lecture de Jung*. Genève : Georg édition, 1988.
Luigi Aurijemma, *Perspective jungienne*. Paris : Albin Michel, 1992.
Marie-Louise von Franz, *Carl Gustav Jung, son mythe en notre temps*. Paris Buchet Chastel, 1975 et 1988.
Charles Baudouin, *L'œuvre de Jung*. Paris : Payot, 1993.
Jean-Luc Maxence, *Dictionnaire comparatif C.G.JUNG et la franc-maçonnerie*. Paris : Dervy, 2012.

III. Ouvrages généraux :

Edward Behr, *Une Amérique qui fait peur*. Plon : Pockett, 1996.

Geneviève Bianquis, *Faust à travers les siècles*. Paris : Aubier, 1955.

Daniel Boorstin, *Histoire des Américains*. Paris : Robert Laffont, 1981.

Raymond Boudon, *L'idéologie ou l'origine des idées reçues*. Paris : Arthème Fayard, 1986.

Pierre Buel, *Théâtre et cruauté ou Dionysos profané*. Paris : Librairie de Meridien, , 1982.

Centre culturel international. Cahiers de l'Hermétique. Colloque de Cerisy. *La littérature fantastique*. Paris : Albin Michel, 1991.

Paul Coquerel, *L'Afrique du Sud des Afikaners*. Paris : édition Complexe, 1992.

M.Madeleine Davy, *Encyclopédie des mystiques*. Paris : Seghers, 1978.

Charles Dédéyan, *Le théâtre de Faust dans la littérature européenne*. Paris : lettres modernes, 1956.

TaisenDeshimaru, *La Pratique du Zen*. Paris : Seghers, 1977.

Dictionnaire de la spiritualité. Paris : Beauchesne, 1982.

Dictionnaire de théologie catholique. Paris VI : édition Letouzey et ané, 1924.

Paul Diel, *Le symbolisme dans la Bible*. Paris : Payot, 1975.

Paul Diel, *Le symbolisme dans la mythologie grecque*. Paris : Payot, 1968.

Mircea Eliade, *Aspect du mythe*, Gallimard, 1963.

Serge Hutin, *La vie quotidienne des alchimistes au Moyen Age*, Paris, Hachette, littératures et sciences humaines, 1977.

Adolphe Ellegard Jensen, *Mythes et cultes chez les peuples primitifs*. Paris : Payot, 1954.

Latreille, Rémond, *Histoire du catholicisme en France*. Paris : édition SPES, 1957-1962.

Jacques Le Goff (Débat présenté par) *Hérésie et société dans l'Europe préindustrielle, XIe-XVIIIe siècle*. Paris : 1968.

Levy Bruhl, *L'âme primitive*. Paris : PUF, Nouvelle édition, 1963.

Françoise Loux, Philippe Richard, *La santé et la maladie dans le proverbe français*. G.P. Maisonneuve et Larose, 1978.

Elise Marienstras, *Les mythes fondateurs de la nation américaine : essai sur le discours idéologique aux Etats-Unis à l'époque de l'indépendance : 1763-1888*. Paris : édition Complexe, 1992.

George Minois, *L'Eglise et la Science*, Tome 1 et tome 2. Paris : Fayard, 1990.

Marcel Neusch, *Aux sources de l'athéisme contemporain : cent ans de débats sur Dieu*. Paris : Le centurion, 1993.

Jean Onimus, *Essais sur l'émerveillement*. Paris : PUF, 1990.

Jean-Paul Roux, *Jésus*. Paris : Fayard, 1989.

Jean-Paul Roux, *La femme dans l'Histoire et les mythes*. Paris : Fayard, 2004.

François Suard et Claude Buridant(études réunies par) *Richesse du proverbe*. Ville de Lille, 1984, Travaux et Recherche, Diffusion PUL.

Alan W. Watts, *Le bouddhisme Zen*. Paris : Payot, 1982.

NOTES

Chapitre 1

1. Carl Gustav Jung, *Présent et avenir.* Paris : Buchet/Chastel, 1962, p. 124.
2. *ibid.* p. 125.
3. Carl Gustav Jung, *Psychologie et religion.* Paris : Buchet/Chastel, pp. 17, 18.
4. Carl Gustav Jung, *Ma vie.* Paris, Gallimard, 1966. 2ᵉ édition, 1967, p. 369.
5. Matthieu, V, 3.
6. Carl Gustav Jung, *Types psychologiques.* Genève : Georg éditeur S.A., 1991, p. 238.
7. *ibid.* p. 243.
8. *ibid.* p. 243.
9. Carl Gustav Jung, *Psychologie du transfert.* Paris : Albin Michel, 1980, p. 125.
10. Nicolas Berdiaeff, *Un nouveau Moyen Age.* Paris : Plon, 1927, p. 162-163, cité dans dictionnaire des symboles, p 431.
11. Carl Gustav Jung, *Problèmes de l'âme moderne.* Paris : Buchet/Chastel, p. 297.
12. Carl Gustav Jung, *Réponse à Job.* Paris : Buchet/Chastel, 1964, p. 89.
13. Carl Gustav Jung, *L'âme et la vie.* Paris : Buchet/Chastel, 1965. 2ᵉ édition, 1969, p. 83.
14. Carl Gustav Jung, *L'âme et le soi.* Paris : Albin Michel, 1990, p. 255.
15. Carl Gustav Jung, *Ma vie.* Paris : Gallimard, 1966. 2ᵉ édition, 1967, p. 355.
16. Carl Gustav Jung, *Psychologie et religion. Op.cit.*, p. 38.

17. Carl Gustav Jung, *Aspects du drame contemporain*. p. 199.
18. Carl Gustav Jung, *L'homme à la découverte de son âme*. p. 290.
19. Carl Gustav Jung, *Présent et avenir. Op.cit.* p. 184.
20. Carl Gustav Jung, *Problèmes de l'âme moderne. Op.cit.*, p 338.
21. Carl Gustav Jung, *Ma vie. Op.cit.* p. 319.
22. Carl Gustav Jung, *Psychologie et religion. Op.cit.* p. 93.
23. Carl Gustav Jung, *L'âme et la vie. Op.cit.*, p. 471.
24. Carl Gustav Jung, *Essais sur la symbolique de l'esprit*. Paris : Albin Michel, 1991, p. 206.
25. Carl Gustav Jung, *L'âme et le Soi. Renaissance et individuation*. Paris : Albin Michel, 1990, p. 185.
26. Carl Gustav Jung, *L'âme et la vie. Op.cit.* p.172.
27. Carl Gustav Jung, *Présent et avenir. Op.cit.*, p. 81.
28. Carl Gustav Jung, *Dialectique du moi et de l'inconscient*. Paris : Gallimard, 1964. 2ᵉ édition, 1967, p. 117.
29. Carl Gustav Jung, *La vie symbolique, psychologie et vie religieuse*. Paris : Albin Michel, 1989, p. 201.
30. W.McGuire; R.F.C.Hull, *C.G. Jung parleRencontres et interviews*. Paris: Buchet/Chastel, 1985, p. 34.
31. Carl Gustav Jung, *Psychologie du transfert. Op.cit.*, p. 55.
32. Carl Gustav Jung, Marie-Louise Von Franz, Joseph L.Henderson, Jolande Jacobi, Aniéla Jaffé, *L'homme et ses symboles*. Paris : Robert Laffont, 1964, p. 112.
33. Carl Gustav Jung, *Problèmes de l'âme moderne. Op.cit.*, p. 65.
34. Carl Gustav Jung, *L'homme à la découverte de son âme*. Paris, Albin Michel, 1987, p. 308.
35. Carl Gustav Jung, Marie-Louise Von Franz, Joseph L.Henderson, Jolande Jacobi, Aniéla Jaffé, *L'homme et ses symboles. Op.cit*, p. 128.
36. Carl Gustav Jung, Marie-Louise Von Franz, Joseph L.Henderson, Jolande Jacobi, Aniéla Jaffé, *L'homme et ses symboles. Op.cit.* p. 112.
37. Carl Gustav Jung, *L'âme et le soi. Renaissance et individuation. Op.cit.*, p. 98.

38. *Ibid.*, p. 53.
39. JUNS 215.
40. Carl Gustav Jung, *Essais sur la symbolique de l'esprit. Op.cit.*, p. 222.
41. Carl Gustav Jung, *Introduction à l'essence de la mythologie*. Paris : Payot, 1953, p.130.
42. Carl Gustav Jung, *Introduction à l'essence de la mythologie. Ibid.*, p. 140.
43. Mathieu, 18, 3-4.
44. Carl Gustav Jung, *L'âme et le soi. Op.cit.*, p. 225.

Chapitre 2.

1. Carl Gustav Jung, *La vie symbolique, psychologie et vie religieuse. Op.cit.*, p. 47-48.
2. Carl Gustav Jung, *Commentaire sur le mystère de la Fleur d'Or.* Paris : Albin Michel, 1979, p. 52.
3. W.McGuire; R.F.C.Hull, *C.G. Jung parleRencontres et interviews. Op.cit.*,p. 309.
4. Carl Gustav Jung, *Problèmes de l'âme moderne. Op.cit.*, p. 253.
5. Encyclopédie des mystiques.
6. Carl Gustav Jung, *Réponse à Job. Op.cit* p. 101.
7. *Ibid.*, p. 104.
8. Carl Gustav Jung, *L'âme et la vie. Op.cit* p. 330.
9. Carl Gustav Jung, Marie-Louise Von Franz, Joseph L.Henderson, Jolande Jacobi, Aniéla Jaffé *L'homme et ses symboles. Op.cit.* p. 200.
10. Carl Gustav Jung, *Essai sur la symbolique de l'esprit. Op.cit* p. 157, 158.
11. *Ibid.*, p. 174.
12. *Ibid.*, p. 154.
13. *Ibid.*, p. 190.
14. Carl Gustav Jung, *Réponse à Job. Op.cit.*, p. 159.

15. Carl Gustav Jung, *La vie symbolique, Psychologie et vie religieuse.* Op.cit., p. 182.
16. Jean, X, 34.
17. Carl Gustav Jung, *La vie symbolique, Psychologie et vie religieuse.* Ibid., p. 166.
18. Rom, 7,19.
19. La Rochefoucauld, maxime n°94.
20. Discours de Pie XII aux psychothérapeutes du 15 Avril 1953.
21. Carl Gustav Jung, *L'âme et la vie.* Op.cit., p. 447.
22. Carl Gustav Jung, *La vie symbolique, psychologie et vie religieuse.* Op.cit., p. 172.
23. Carl Gustav Jung, *L'âme et le Soi, Renaissance et individuation.* Op.cit., p. 157.
24. Carl Gustav Jung, *L'âme et le Soi, Renaissance et individuation.* Ibid., p. 154.
25. W.McGuire; R.F.C.Hull, *C.G. Jung parleRencontres et interviews.*Op.cit., p. 180.
26. Carl Gustav Jung, *Aïon, Etude sur la phénoménologie du Soi.* Paris : Albin Michel, 1983, p. 189.
27. Carl Gustav Jung, *Psychologie et alchimie.* Op.cit., p. 51.
28. Carl Gustav Jung, *Ma vie.* Op.cit., p. 288.
29. Carl Gustav Jung, *Psychologie et alchimie.* Op cit., p. 50.

Chapitre 3.

1. Carl Gustav Jung, *Psychologie et orientalisme.* Paris : Albin Michel, 1985, p. 107.
2. *Ibid.*, p. 126.
3. *Ibid.*, p. 137.
4. Carl Gustav Jung, *Ma vie.*Op.cit., 321.
5. Matthieu; 26,36-41

6. Carl Gustav Jung, *Ma vie. Op.cit.*, 321.
7. Carl Gustav Jung, *Psychologie et orientalisme. Op.cit.*, p. 232.
8. Carl Gustav Jung, *Aïon.Op.cit.*, 84.
9. Carl Gustav Jung, *Psychologie et orientalisme. Op.cit.*,p.248.
10. *Ibid.*, p. 271.
11. W.McGuire; R.F.C.Hull, *C.G. Jung parleRencontres et interviews. Op.cit.* p. 351.
12. Carl Gustav Jung, *Psychologie et orientalisme. Op.cit.*,p. 250.

Les Éditions du Désir
http://editionsdudesir.fr
contact@editionsdudesir.fr

Pour une lecture enrichie
http://editionsdudesir.fr/enrichi

Copyright ©
Tous droits réservés
Les Éditions du Désir – Domme –

Juillet 2018

Imprimé en France par Les Éditions du Désir

www.ingramcontent.com/pod-product-compliance
Lightning Source LLC
Chambersburg PA
CBHW051052160426
43193CB00010B/1152